小嶋老师的咸蛋糕

咸派、咸蛋糕、鸡肉派……绝品食谱！

（日）小嶋留味　著
kiki　译

辽宁科学技术出版社
·沈阳·

小嶋留味

Rumi Kojima

日本大学艺术学部毕业，边工作边在东京制果学校学习甜点制作。在“新宿中村屋”的横沟春雄蛋糕大师的手下进行研学，之后在东京·小金井市开创了自己的蛋糕店“Oven·Mitten”。有着女性蛋糕师先驱称号的小嶋留味，她的甜点犹如精致女性一般细腻的味道，以充满热情与温暖的烤制甜品为主流，在小金井市也拥有自己的蛋糕教室。

在她的多年研究下推出了一系列在家里也能做出专业人士才能做出的美味甜点配方，得到了很多粉丝的支持与赞美。在她的甜点教室，会将专业人士的技术用易懂的方法传授给学员，所以有来自日本各个地方的粉丝报名学习。最近，教室里为中国粉丝专门开设了定期授课课程，也得到很多粉丝的赞扬。其出版的图书在烘焙爱好者之间被广泛地使用，得到很多的好评。她曾多次出演过日本NHK的甜点节目。

咸糕点

LA PÂTISSERIE SALÉE

La pâtisserie salée 日文译为“咸糕点”，主要指简餐或拼盘里的食品。本书是我20年来收集的法式酥皮派皮、咸派，法式咸蛋糕（Cake salé），夫兰佩派（Tarte Flambée，法国东部阿尔沙斯地区一种类似薄皮比萨饼的食品）等配方的总结，无论是在自家的咖啡店还是蛋糕教室，口碑都非常不错，是我的自信之作。

本书介绍的各种派皮都下了许多功夫。
比如“折叠派皮”是用一种简单省力的方法，即便是缩短时间和简化手法，通过反复折叠派皮，也会使成品的口感如同经典派皮一样的分层，酥脆。
法式咸蛋糕的面糊，利用3根筷子来搅拌，口感一下子升华不少，出炉的咸蛋糕轻盈而蓬松，口感宜人。

本书记载的配方摒弃某些多余部分，都是初学者也不易失败的种类。
当然口味也让人惊艳。
只要按照配方里的步骤进行，迄今为止让人敬而远之的咸味蛋糕，不但过程通俗易懂，口感也更加美味可口的哦。

欢迎大家跟我一起愉快地享受“咸蛋糕”的世界。
搭配的馅料和馅液完全毫无保留地展现了我所有的配方。
周末派对或去拜访友人时，请一定要尝试一下哦。

小嶋留味

◎本书规定

［黄油切成同样厚度，室内回温］

黄油回温至20～22℃，手指可以轻松按出一个小洞为目标。

黄油调整为1.5cm厚度包上保鲜膜，室温放置。

［预热烤箱］

如果是电烤箱，预热温度要高于烘烤温度10～20℃，并且至少预热10分钟以上。

烘烤时按照配方指示的温度进行。

［盐］

盐使用的品牌为“伯方的盐，烤盐”。

由于各种盐的口感咸淡不一，可适量增减。

［模具］

本书使用以下模具。

・挞模

法国MATFER公司活底挞模“16cm”。16cm外直径，镀锡材质。用于咸派或挞。

・磅蛋糕模

“猪肉派”“蔬菜派”（P.28～P.32）使用外尺寸为“长18cm×宽8cm×高7cm”，法式咸味蛋糕使用“长21cm×宽9cm×高7cm”。大概标准如此（尺寸均为上部）。白铁皮或不锈钢的材质均可。

・派盘

直径23cm的派盘（外直径）不锈钢或洋铁皮材质，非活底的一体式派盘。“鸡肉派”（P.53～P.56）、“三文鱼派”（P.60～P.61）使用此款。

［其他］

大勺为15mL，小勺为5mL。

平煎锅使用的特氟龙不粘锅。

因中国食材与日本食材存在差异，使用中国的食材制作时，也许口味会有一些变化，请读者们理解。

第一章

咸派

基础派皮

法式酥皮派皮

无须费力用手揉捏黄油，亦无须使用厨师机，即可轻松制作的派皮。
使用刮刀将黄油搅拌柔软后加入面粉，就能烤出法式酥皮派皮的那种层层叠叠的口感。

洛林乡村咸派

咸味蛋糕的代表之一洛林乡村咸派（法式咸派）。虽然是传统的配方，内馅口味却是小嶋独创。常见的是以牛奶为主的蒸蛋风味。但我这款则以淡奶油为主。另一个秘诀是，还添加了20%的牛奶，让内馅品尝起来不会腻口，是一款鲜嫩柔滑、非常可口的咸派。

材料［直径16cm派盘1个］

基础派皮 使用1/2量 剩余的保存

发酵黄油（无盐）••• 105g

低筋面粉 ••• 158g

A
- 蛋黄 ••• 6g
- 水 ••• 27mL
- 白砂糖 ••• 3g
- 盐 ••• 2g

手粉（高筋面粉）••• 适量

• 揉面皮时改变方向，或者是面皮粘在面板上不易揉搓时使用。
使用频率较多，每次极力控制只用少量。

馅料

炒洋葱碎 ••• 35g

培根 ••• 2片

红肠 ••• 20g

格鲁耶尔奶酪 ••• 30g

*炒洋葱碎是将2～3个洋葱切碎后用色拉油翻炒。开始用大火，一部分微焦后改小火，翻炒17～18分钟直至颜色焦黄。可大量制作后冷冻保存。

馅液

淡奶油（脂肪含量45%）••• 120g

牛奶 ••• 24g

全蛋 ••• 50g

盐 ••• 1/8小勺

白胡椒 ••• 1/8小勺

事前准备

- 发酵黄油提前放置室内回温。
- 面粉过筛。
- 提前将模具和擀面杖放入冰箱冷冻室里降温。
- 烤箱在适当的时候提前预热。（烘烤温度步骤图**15**为200℃，步骤图**20**为180℃）

1 制作派皮 →

搅拌盆里放入**A**的蛋黄和水，用打蛋器搅拌均匀。加入白砂糖和盐，搅拌使其融化后放入冰箱里冷藏。

2 →

黄油放入搅拌盆，握住刮刀下端，压揉黄油块，使其整体都是同样的柔软度。

3 →

加入低筋面粉。用刮刀右盆壁斜切着刮到左盆壁5～6次，最后1次，将面粉整体翻转式地搅拌一下。然后将搅拌盆转180°，按上述方法再搅拌。此系列步骤反复做20次以上。

4 制作派皮 →

搅拌面粉使其整体变为黄色颗粒状，只要没有了白色面粉就OK。

・此时一定不可挤压或者揉搓面粉。

5 →

加入A，斜切式地搅拌直到没有水分为止。各种材料都融为一体后，手握住刮刀下段，将面粉压在盆壁使其揉压成整块。

6 →

将5的派皮平摊在保鲜膜上包好。用擀面杖擀成2cm厚度的长方形。保鲜膜紧贴派皮裹好，放入冰箱里冷藏一晚，基础派皮就做成功了。

7 擀平派皮 →

将派皮从冰箱里取出去掉保鲜膜，对半切。取1/2大小（140～150g），剩余部分再用保鲜膜包好放入冰箱里冷藏。

8 →

在撒上手粉的操作台上将派皮的四角敲打平整。再用擀面杖敲打派皮，使其变成约10cm见方的方块。

• 冰箱里冷藏过的派皮太硬，擀面杖敲打后变得柔软，容易成型。

9 →

操作台撒上手粉。放上派皮。擀面杖也抹上手粉，以派皮中心为起点力道均匀地向外推，反复数次。再以中心为起点同样数次向内推。之后，将面皮转90°，同样手法擀派皮。此系列步骤反复数次后，一点点匀称擀为19cm的方形派皮（厚度约5mm）。

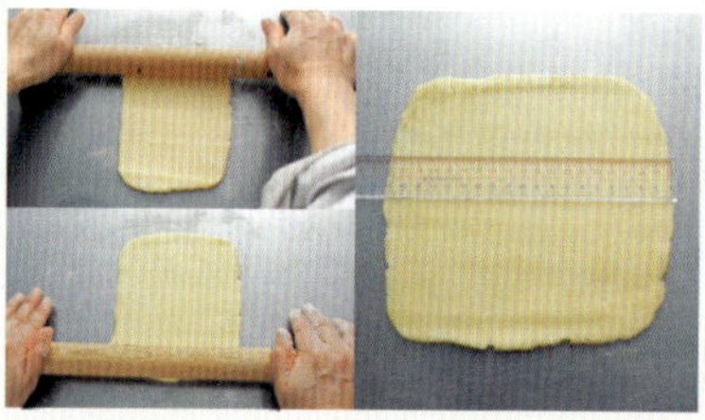

10 擀平派皮 →

用擀面杖裹了派皮，粘着手粉的面朝上快速地盖在模上。整块面皮像锅盖一般盖在模具上。

• 无须在模具上涂黄油。

11 →

用手指将派皮折了褶子按压在挞模底部，完全紧贴使其有棱有角。再将派皮贴着派模边缘按压。这个步骤以5～6cm的幅度转一圈，将派皮贴完。多余的派皮朝外翻出。

• 注意不要让派皮与模具之间含有空气。

12 →

用擀面杖在模具边缘骨碌几下切掉多余的派皮。

• 此时贴在模具内的派皮约120g，剩余的派皮约30g。

13 →

按照模具的花边凸凹部分，用手指轻按派皮紧贴模具压好。如果边缘高出模具，则从上面按回去，让派皮的边缘高度一致。放入冰箱冷冻室，冷冻2小时以上。

14 空烤派皮 →

烘焙纸剪成直径18cm的圆形。边缘以3cm间隔剪出2～2.5cm的缝隙。紧贴派皮放好。

15 →

将重石堆压成几乎和派皮同样高度。放入预热后的烤箱烤28～30分钟（烘烤温度200℃）。

• 与内馅相比，派皮烘焙时间较长，所以需要先烤好。

16 →

从烤箱取出派皮，掀开烘焙纸查看内部的上色情况。整体如果发白就继续烘烤。一部分发白的话去掉烘焙纸和重石，直接烘烤至上色为止。淡淡地上色后连同挞模一起放在铁网上冷却。

→

如果一部分的派皮缺口了，冷却后再使用冷冻派皮填补上。无须再次烘烤，添加馅料与馅液烘烤即可。

・到**16**为止的步骤可提前1～2天做好。空烤派皮之后不要弄坏了，常温保存即可。

17 制作馅料

培根切成1cm×1cm的方块，用煎锅以中火翻炒出油，出锅后用厨房用纸吸掉多余油分。红肠切成1cm小块。格鲁耶尔奶酪切成5mm小块。

18 制作馅液

淡奶油和牛奶混合后加热至人体温度。鸡蛋液搅拌到提起来顺滑地落下的感觉，以不打发出泡泡为准，用打蛋器温柔地搅拌均匀。全部混合后过滤，加入盐和白胡椒调味。

19 成型

16的派皮里铺上炒好的洋葱碎，均匀放入培根、红肠、格鲁耶尔奶酪，最后倒入馅液。

20 →

预热后的烤箱里烘烤约25分钟（烘烤温度180℃），表面的内馅不会晃动，稍微有点儿焦色就成功了。放在铁网上稍微冷却后，从挞模里取出即可品尝。

蘑菇咸派

爽口的弹牙口感，去掉多余水分的蘑菇，混合了樱桃酒的隐藏风味。请使用格鲁耶尔奶酪来完成这道咸派。

材料［直径16cm挞模1个］

基础派皮 使用1/2的量 剩余的保存

发酵黄油（无盐）··· 105g

低筋面粉 ··· 158g

A
- 蛋黄 ··· 6g
- 水 ··· 27mL
- 白砂糖 ··· 3g
- 盐 ··· 2g

手粉（高筋面粉）··· 适量

馅料

白蘑菇 ··· 6~7个
香菇 ··· 2个
真姬菇 ··· 1/2盒
鸡腿菇 ··· 1/2盒
平菇 ··· 1/2盒
（共计约260g）

黄油（含盐）··· 1cm正方体小块1个

盐 ··· 少许

白胡椒粉 ··· 少许

樱桃酒（或柠檬汁）··· 1大勺

格鲁耶尔奶酪（碎末状）··· 10g

意大利西芹（切碎）··· 1大勺

馅液

淡奶油（脂肪含量45%）··· 90g

鸡蛋 ··· 55g

盐 ··· 1/8小勺

白胡椒 ··· 稍多于1/8小勺

1 制作派皮

参照P.9～P.11“洛林乡村咸派”的事先准备，以及制作步骤**1～16**。

2 制作馅料

将所有的蘑菇洗净或擦干净，切成容易入口大小（2～3cm）。

3

煎锅放入黄油加热，熔化后加入**2**翻炒，加入盐和白胡椒调味。炒熟后洒入樱桃酒，再稍微翻炒后倒入过滤网过滤掉多余水分，直至冷却。

4 制作馅液

淡奶油加热至人体温度。鸡蛋液搅拌后提起来顺滑地落下，以不打出泡泡为准，用打蛋器温柔地搅拌均匀。全部混合后过滤，加入盐和白胡椒。

5 烘烤

1里添满**3**，加入碎末状的格鲁耶尔奶酪，撒上意大利西芹碎。倒入**4**后放入预热过的烤箱里烘烤20～25分钟（烘烤温度180℃）。表面的内馅不会晃动，稍微有点儿焦色就成功了。放在铁网上稍微冷却后，从挞模里取出即可品尝。

菠菜咸派

先将菠菜焯水，再与培根和红葱头煎炒加深入味。
通过煎炒的手法去掉多余的水分，就不会稀释内馅，
保留了浓厚美味的口感。

材料［直径16cm挞模1个］

基础派皮 使用1/2的量 剩余的保存

发酵黄油（无盐）··· 105g

低筋面粉 ··· 158g

A
- 蛋黄 ··· 6g
- 水 ··· 27mL
- 白砂糖 ··· 3g
- 盐 ··· 2g

手粉（高筋面粉）··· 适量

馅料

菠菜 ··· 1把（100g）

培根 ··· 1片

红葱头 ··· 1个

白水煮蛋 ··· $1^1/_2$个

松子 ··· 少许

馅液

淡奶油（脂肪含量45%）··· 75g

牛奶 ··· 38g

全蛋 ··· 50g

盐 ··· 1/8小勺

白胡椒 ··· 1/8小勺

1 制作派皮

参照P.9～P.11“洛林乡村咸派”的事先准备，以及制作步骤**1～16**。

2 制作馅料

菠菜洗净，用沸水（分量外）焯2分钟后放入冷水里冲洗，再放入过滤网里滤干水分。切成1.5cm长度（根茎也使用）。

3

培根和红葱头切碎，煎锅里放入少许色拉油（配方外），热锅后改中火将食材炒熟，加入**2**的菠菜轻炒后熄火。倒入铺好厨房用纸的盘里，吸掉多余水分。

4 制作馅液

淡奶油和牛奶混合后加热至人体温度。鸡蛋液搅拌后提起来顺滑地落下，以不打出泡泡为准，用打蛋器温柔地搅拌均匀。全部混合后过滤，加入盐和白胡椒调味。

5 烘烤

1里添满**3**，并将白水煮蛋切片后摆放好，倒入**4**后放入松子，预热过的烤箱里烘烤20～25分钟（烘烤温度180℃）。表面的内馅不会晃动，稍微有点儿焦色就成功了。放在铁网上稍微冷却后，从挞模里取出即可品尝。

甜洋葱咸派

在法国南部的阿尔萨斯地区，可以遇到各式各样洋葱的咸派。
据说有多少家庭或餐厅就有多少种口味。
小小一个洋葱，就演变出那么多的美味，太不可思议了！
这款是最基础的，洋葱炒至焦黄色的咸派。
洋葱的甜味给人留下非常深刻的印象。

材料［直径16cm挞模1个］

基础派皮 使用1/2的量 剩余的保存
发酵黄油（无盐）⋯ 105g
低筋面粉 ⋯ 158g

A
- 蛋黄 ⋯ 6g
- 水 ⋯ 27mL
- 白砂糖 ⋯ 3g
- 盐 ⋯ 2g

手粉（高筋面粉）⋯ 适量

馅料
洋葱 ⋯ 300g
黄油（无盐）⋯ 2小勺

馅液
低筋面粉 ⋯ 8g
淡奶油（乳脂含量45%）⋯ 100g

B
- 全蛋 ⋯ 30g
- 蛋黄 ⋯ 10g

盐 ⋯ 稍多于1/8小勺
白胡椒 ⋯ 1/8小勺
红椒粉（Cayenne pepper）⋯ 少许
肉豆蔻粉 ⋯ 少许

1 制作派皮

参照P.9～P.11“洛林乡村咸派”的事先准备，以及制作步骤**1～16**。

2 制作馅料

洋葱对半切断，再切成厚度为5mm的片。煎锅里放入黄油开微火加热，熔化后改中火。加入洋葱片翻炒，一部分稍微焦煳后改小火，翻炒至焦黄色。移到盘里冷却后，颜色渐渐变为焦糖色。

3 制作馅液

搅拌盆里倒入冷却后的洋葱和过筛后的低筋面粉，用刮刀搅拌均匀。淡奶油分2次倒入，每次都要和盆里的食材搅拌均匀。整体拌匀后加入**B**再混合均匀。最后加入盐、白胡椒、红椒粉、肉豆蔻粉混合均匀。

4 烘烤

1里倒入**3**，预热过的烤箱里烘烤约25分钟（烘烤温度180℃），内馅表面稍微有点儿焦色就成功了。放在铁网上稍微冷却后，从挞模里取出即可品尝。

轻洋葱咸派

与前篇的甜洋葱咸派不同，加入培根，火候精准到位，保持了原汁原味的洋葱风味。
不过于地翻炒，只是加入满满的馅液，非常好吃的一款洋葱咸派，使用葛缕子来调味。

材料［直径16cm挞模1个］

基础派皮　使用1/2的量　剩余的保存

发酵黄油（无盐）… 105g

低筋面粉 … 158g

A
- 蛋黄 … 6g
- 水 … 27mL
- 白砂糖 … 3g
- 盐 … 2g

手粉（高筋面粉）… 适量

馅料

洋葱 … 200g

培根 … 20g

黄油（无盐）… 12g

馅液

低筋面粉 … 9g

酸奶油 … 70g

全蛋 … 40g

盐 … 1/6小勺

白胡椒 … 1/6小勺

装饰

葛缕子 … 适量

洋葱（切片）… 1/2个

橄榄油（或色拉油）… 适量

盐 … 少许

黑胡椒 … 少许

1 制作派皮

参照P.9～P.11“洛林乡村咸派”的事先准备，以及制作步骤**1～16**。

2 制作馅料

洋葱切碎。培根切碎。

3

煎锅里放黄油用大火加热，黄油熔化后加入洋葱粒和培根粒炒2分钟。一部分颜色焦煳后改小火，待洋葱的颜色炒至焦黄后倒入盘里冷却。

4 制作馅料

搅拌盆里放入冷却的**3**，加入低筋面粉后用刮刀拌匀。

5

再用另一个搅拌盆，加入酸奶油和全蛋，用打蛋器拌匀。

6

4里加入**5**，用刮刀拌匀，最后放入盐、白胡椒，稍微拌匀。

7 烘烤

1里倒入**6**，表面撒上葛缕子。手指蘸上橄榄油，涂于装饰用的洋葱表面，撒上盐和黑胡椒。再将它们放在同一烤盘（洋葱下面垫上烘焙纸），再放入预热过的烤箱里烘烤约25分钟（烘烤温度180℃）。先将烤好的洋葱片取出，表面的内馅不会晃动就成功了。置于铁网上稍待冷却后，从挞模里取出即可品尝。

下仁田葱咸派

请务必在冬天里品尝的一款咸派。
和风的食材居然也能如此搭配法式的咸派，让人惊艳。馅料几乎只用到了葱，吃起来满口回甜，风味俱佳。

材料［直径16cm挞模1个］

基础派皮 使用1/2的量 剩余的保存

发酵黄油（无盐）⋯105g

低筋面粉⋯158g

A
- 蛋黄⋯6g
- 水⋯27mL
- 白砂糖⋯3g
- 盐⋯2g

手粉（高筋面粉）⋯适量

馅料

下仁田葱⋯1～1.5根（140g）

黄油（无盐）⋯1cm正方体小块1个

盐⋯少许

白胡椒⋯少许

火腿肠⋯1片

馅液

淡奶油（乳脂含量45%）⋯80g

牛奶⋯20g

全蛋⋯55g

盐⋯稍少于1/8小勺

白胡椒⋯稍少于1/8小勺

1 制作派皮

参照P.9～P.11“洛林乡村咸派”的事先准备，以及制作步骤**1～16**。

2 制作馅料

下仁田葱切成2cm的小块。煎锅放入黄油开中火加热，黄油熔化后加入下仁田葱翻炒，加入盐和白胡椒调味。盖上锅盖，改小火，蒸炒至下仁田葱变软为止。倒入盘内摊开使其冷却，再加入切成约6mm的火腿肠拌匀。

3 制作馅料

淡奶油和牛奶混合后加热至人体温度。鸡蛋液搅拌至提起来顺滑地落下的感觉，以不打发出泡泡为准，用打蛋器温柔地搅拌均匀。全部混合后过滤，加入盐和白胡椒调味。

4 烘烤

1里铺满**2**后倒入**3**。预热过的烤箱里烘烤20～25分钟（烘烤温度180℃），内馅不晃动，表面稍微焦色就成功了。放在铁网上稍微冷却后，从挞模里取出即可品尝。

搭配在一起品尝的简单沙拉

绿色沙拉

材料

生菜⋯1/2把

水菜⋯1/4把

绿色芥末菜⋯适量

沙拉酱

盐⋯少许

白胡椒⋯少许

橄榄油⋯2大勺

纯苹果醋（或柠檬汁）⋯1大勺

1

蔬菜摘净，手撕成方便入口大小，泡在冷水里增加脆脆的口感。放入蔬菜甩干机里脱干水分。

2

搅拌盆里加入**1**，放入盐和白胡椒粉、橄榄油拌匀。橄榄油的用量根据蔬菜的多少调整。最后混合苹果醋即可。

野生大米咸派

估计是翻译为“野生大米”（WILD RICE）吧。
直接吃也非常可口的煮野生大米。
咬起来脆砰砰的，有种不可思议的原始农作物的美味口感。

材料［直径16cm挞模1个］

煮野生大米

野生大米 ••• 150g

培根 ••• 40g

洋葱 ••• 70g

红甜椒 ••• 50g

平菇 ••• 100g

色拉油 ••• 2小勺

西洋高汤调味料（块状）

••• 适量（根据水分多少来调整）

盐 ••• 3/4小勺

白胡椒 ••• 3/4小勺

基础派皮　使用1/2的量　剩余的保存

发酵黄油（无盐）••• 105g

低筋面粉 ••• 158g

A
- 蛋黄 ••• 6g
- 水 ••• 27mL
- 白砂糖 ••• 3g
- 盐 ••• 2g

手粉（高筋面粉）••• 适量

馅液

淡奶油（乳脂含量45%）••• 100g

牛奶 ••• 20g

全蛋 ••• 40g

盐 ••• 1/8小勺

白胡椒 ••• 1/8小勺

• 煮野生大米在冰箱里可保存4～5天。制作时可多做一些，除了咸派以外，咸蛋糕的内馅或者是三明治的食材等用处很多。

• 西洋高汤调味料尽量使用无添加剂的。

1　头天的准备

野生大米洗净后浸泡一晚。

2　制作派皮

参照P.9～P.11“洛林乡村咸派”的事先准备，以及制作步骤**1～16**。

3　烹饪野生大米

锅里放入野生大米，倒入刚好漫过野生大米的水（分量外）开中火加热，煮20～30分钟。用过滤网滤掉水分。

4

培根、洋葱、甜椒、平菇全部切碎。

5

锅里放入色拉油开中火热锅，放入培根翻炒。逼出油后，依次加入洋葱、甜椒、平菇继续翻炒。

6

加入野生大米后翻炒几下。倒入刚好漫过食材的水（配方外），以及按水分加入适量的西洋高汤调料、盐和白胡椒，盖上锅盖后改小火蒸煮25～30分钟。锅里的水分基本煮干为准，关火冷却放置。

7　制作馅料

取**6**的100～120g，加入稍微多点儿的盐和胡椒（配方外）调味。

8　制作馅液

淡奶油和牛奶混合后加热至人体温度。鸡蛋液搅拌到提起来顺滑地落下的感觉，以不打发出泡泡为准，用打蛋器温柔地搅拌均匀。全部混合后过滤，加入盐和白胡椒调味。

9　烘烤

2里铺满**7**，倒入馅液。预热过的烤箱里烘烤约25分钟（烘烤温度180℃），内馅不晃动，表面稍微焦色就成功了。放在铁网上稍微冷却后，从挞模里取出即可品尝。

小扁豆咸派

请一定使用法国勒皮（Le Puy）出产、AOC认证的小扁豆。
风味和口感完全不同。哪怕只是简单的煮豆子也非常可口。
制作咸派时，注意不要将豆子与馅液混合，只需要把豆子铺满派皮底部即可。
请感受嫩滑的内馅和豆子的绵稠口感带来的美味享受。

材料［直径16cm挞模1个］

基础派皮 使用1/2的量 剩余的保存

发酵黄油（无盐）⋯ 105g

低筋面粉 ⋯ 158g

A
- 蛋黄 ⋯ 6g
- 水 ⋯ 27mL
- 白砂糖 ⋯ 3g
- 盐 ⋯ 2g

手粉（高筋面粉）⋯ 适量

煮小扁豆

培根 ⋯ 40g

洋葱 ⋯ 中等大小1/3个

胡萝卜 ⋯ 小型1/2根

小扁豆（干燥）⋯ 100g

色拉油 ⋯ 少许

黄油（无盐）⋯ 少许

盐 ⋯ 1/2小勺

白胡椒 ⋯ 1/2小勺

馅液

淡奶油 ⋯ 100g

牛奶 ⋯ 20g

全蛋 ⋯ 40g

盐 ⋯ 1/8小勺

白胡椒 ⋯ 1/8小勺

• 煮小扁豆这道菜可在冰箱里保存4～5天。制作时可多做一些，除了咸派以外，咸蛋糕的内馅或者搭配西式肉类菜品都非常不错。

1 制作派皮

参照P.9～P.11“洛林乡村咸派”的事先准备，以及制作步骤**1～16**。

2 烹饪小扁豆

培根切细条。洋葱和胡萝卜切成4～5cm的小块。

3

将小扁豆洗净后放入锅里，加满水（分量外）开大火烹饪。待水沸腾后马上倒入过滤网过滤。

4

锅里倒入色拉油，开中火热锅，加入培根翻炒，炒出油后加入黄油熔化，放入洋葱和胡萝卜稍微翻炒。

5

小扁豆，约400mL水（分量外，比刚好漫过食材的分量还略少些），加入盐、白胡椒，改为小火，盖上盖子，煮20～30分钟直到小扁豆变软。锅里水分基本煮干后关火，冷却放置。

6 制作馅料

取用**5**的100～120g分量，撒上盐（配方外）以强调咸味。

7 制作馅液

淡奶油和牛奶混合后加热至人体温度。鸡蛋液搅拌到提起来顺滑地落下的感觉，以不打发出泡泡为准，用打蛋器温柔地搅拌均匀。全部混合后过滤，加入盐和白胡椒调味。

8 烘烤

1里加入**6**，用汤勺背面按实不移动。加入馅液。预热过的烤箱里烘烤约25分钟（烘烤温度180℃），内馅不晃动，表面稍微焦色就成功了。放在铁网上稍微冷却后，从挞模里取出即可品尝。

格鲁耶尔奶酪和蓝纹奶酪咸派

格鲁耶尔奶酪制作的馅液里加入蓝纹奶酪，是一款全奶酪的咸派。
特别适合与白葡萄酒一起品尝。
把蓝纹奶酪替换成卡芒贝尔奶酪或布利奶酪之类没有特殊气味的奶酪，这款咸派也特别适合给孩子们品尝。

材料［直径16cm挞模1个］

基础派皮 使用1/2的量 剩余的保存

发酵黄油（无盐）••• 105g

低筋面粉 ••• 158g

A
- 蛋黄 ••• 6g
- 水 ••• 27mL
- 白砂糖 ••• 3g
- 盐 ••• 2g

手粉（高筋面粉）••• 适量

馅料

格鲁耶尔奶酪 ••• 63g

低筋面粉 ••• 10g

全蛋 ••• 58g

牛奶 ••• 140g

淡奶油（乳脂肪45%）••• 35g

盐 ••• 少许

白胡椒 ••• 1/8小勺

肉豆蔻粉 ••• 少许

蓝纹奶酪（或卡芒贝尔奶酪）••• 30g

1 制作派皮

参照P.9～P.11“洛林乡村咸派”的事先准备，以及制作步骤**1～16**。

2 制作馅料

将格鲁耶尔奶酪用芝士刨刀擦成碎末。低筋面粉过筛。鸡蛋搅拌均匀。

3

锅里放入低筋面粉，一点点地加入牛奶，同时用打蛋器搅匀。改中火加热，沸腾时有黏稠感后改微火，煮30秒后从火上移开。

4

马上加入格鲁耶尔奶酪碎末，改用刮刀搅拌，利用余热使奶酪融化。加入鸡蛋液和淡奶油，用打蛋器拌匀。搅拌至提起来顺滑落下的感觉，加入盐和白胡椒调味。

5 烘烤

1里摆好用手掰匀成小块的蓝纹奶酪，倒入**4**。预热过的烤箱里烘烤约25分钟（烘烤温度180℃），内馅不晃动，表面稍微焦色就成功了。放在铁网上稍微冷却后，从挞模里取出即可品尝。

猪肉派

非常豪华的一道菜品。
用磅蛋糕模烤好派皮，填满肉馅后烘烤。
可以保鲜3～4天，特别适合派对等场合。

材料［长18cm的磅蛋糕模1个］

基础派皮

发酵黄油（无盐）⋯105g

低筋面粉⋯158g

A
- 蛋黄⋯6g
- 水⋯27mL
- 白砂糖⋯3g
- 盐⋯2g

手粉（高筋面粉）⋯适量

馅料

猪腿肉⋯260g

鸡柳（鸡胸）⋯170g

炒洋葱⋯50g

B
- 面包屑⋯6g
- 牛奶⋯45g

波特酒（或红葡萄酒）⋯45g

盐⋯1小勺

白胡椒⋯4/5小勺

肉豆蔻粉⋯少许

西梅⋯32g

开心果⋯10g

红胡椒⋯适量

刷蛋液

蛋黄⋯1个

牛奶⋯3g

• 蛋液是在拌匀的蛋黄里加入牛奶混合后制作而成，目的是增加表面光泽。

＊纸样

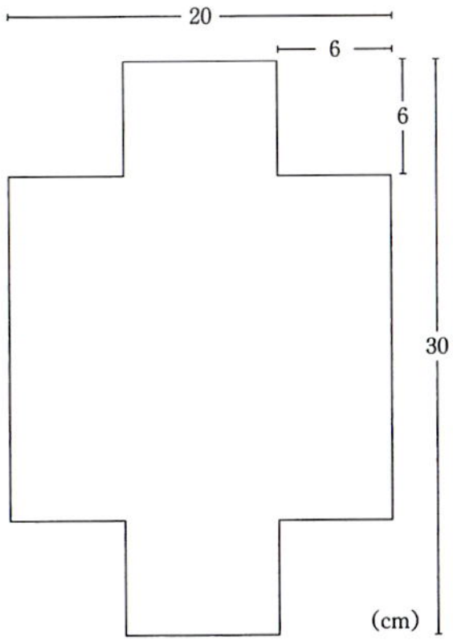

1 制作派皮

参照P.9～P.11“洛林乡村咸派”的事先准备，以及制作步骤**1～16**。

2 擀派皮

将**1**的派皮擀为长31cm、宽21cm的长方形。置于托盘背面放入冰箱冷藏室静置30分钟。

3 折叠派皮

将**2**的派皮从托盘上取下（会收缩些），盖上烘焙纸剪好的纸样，切出磅蛋糕模的形状（前后左右要切成整齐的直线）。再置于托盘背面放入冰箱冷藏室静置15分钟。

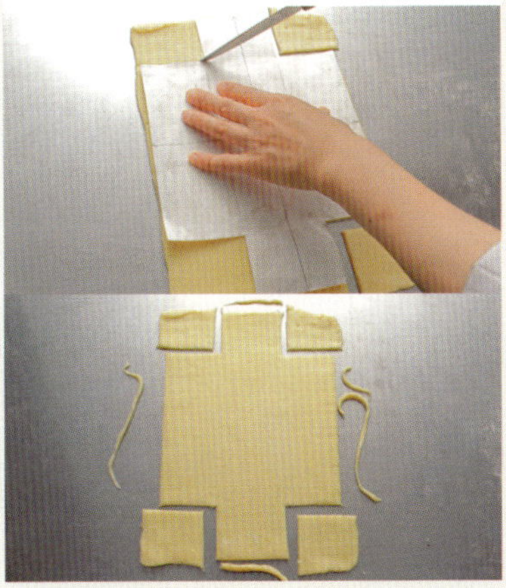

4

将派皮按照磅蛋糕模的形状折叠入模。为避免填充馅料时肉汁外溢，需用手指把派皮和模具四边按紧实，再放入冰箱冷藏室内30分钟。

5

将剩余的派皮重新揉合，擀成长18cm、宽8cm大小。等填充好内馅后，会作为覆盖在上面的盖子。与**4**的派皮一起放入冰箱冷藏30分钟。

6

将猪肉和鸡肉切成3～4cm小块。拌匀**B**。西梅切半（大粒的话切1/4块）。开心果对半斜切。

7

将猪肉、鸡肉倒入食物搅拌机里搅拌10～15秒，然后把打好的碎肉倒入搅拌盆里挑出筋丝。

8

把炒洋葱粒、**B**、波特酒、盐、白胡椒、肉豆蔻全部加入**7**的搅拌盆里，用刮刀搅拌为黏稠状。

9

加入西梅、开心果、红胡椒继续拌匀。

10 烘烤

在制作好的派皮磅蛋糕模里填满馅料。填充1/3左右，用手指按压紧实，不要让馅料里出现空隙。如此反复，直到模具填满，表面抹平。

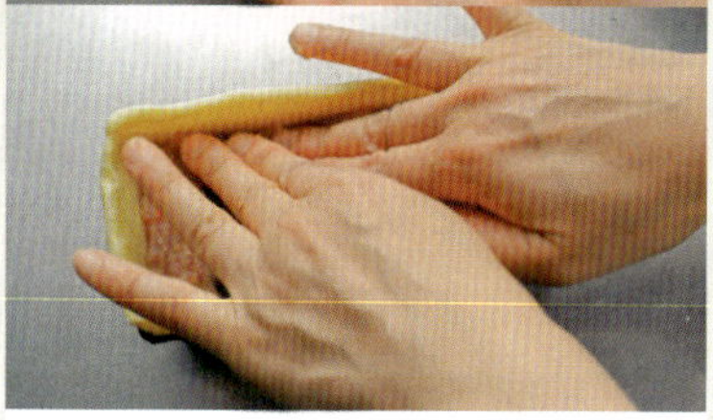

11

盖上**5**的派皮，涂上蛋液。

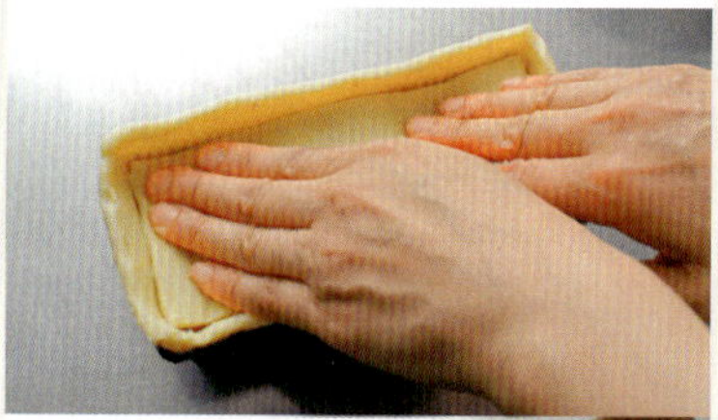

12

将模具内竖起来的派皮折叠压好，用抹刀之类的工具压出花纹，再刷上蛋液，最后用叉子如图戳几个孔。

13

剩下的派皮做成装饰，再刷上蛋液。

14

放入预热后的烤箱里，烘烤约40分钟（烘烤温度190℃），待表面有点儿焦色后，温度改为190℃，继续烘烤20分钟，用竹签插入内部有紧实的手感就表示成功了。将抹平刀插入模具和派皮之间，连模具一起放在铁网上冷却15分钟，不烫手了即可从挺模里取出。

蔬菜派

油酥水派皮制作的蔬菜派。以土豆泥做铺垫，加入了火腿肠和蔬菜，色香味俱全。
仅仅这一款派，就是一套可口而饱腹的简餐。

材料［长18cm的磅蛋糕模1个］

基础派皮

发酵黄油（无盐）••• 105g

低筋面粉 ••• 158g

A
- 蛋黄 ••• 6g
- 水 ••• 27mL
- 白砂糖 ••• 3g
- 盐 ••• 2g

手粉（高筋面粉）••• 适量

馅料

土豆 ••• 净重300g

培根（或厚火腿）••• 90g

芦笋 ••• 60g

胡萝卜 ••• 60g

B
- 淡奶油 ••• 45g
- 蛋黄 ••• 15g

炒洋葱粒 ••• 40g

意大利香芹（切碎）••• 少许

盐 ••• 1/3小勺

白胡椒 ••• 1/4小勺

刷蛋液

蛋黄 ••• 1个

牛奶 ••• 3g

1 制作派皮

按照P.28～P.30的“猪肉派”事前准备，以及步骤**1～5**制作派皮并成型于磅蛋糕模。

2 制作馅料

锅里满水（配方外）加入削皮土豆，开中火煮软。用竹签插一下能轻松穿透就捞起来，放入搅拌盆里，用压土豆器压制成泥。

3

培根切为1cm小块，飞水过滤多余油分（厚火腿可直接使用）。芦笋切成10cm长度，胡萝卜切10cm细条。**B**拌匀。

4

炒洋葱粒、意大利香芹、**B**、盐、白胡椒加入**2**的搅拌盆，用刮刀简单拌匀。

5 烘烤

在制作好的派皮磅蛋糕模里填满馅料。填充顺序为：**4**的1/4，培根1/2，**4**的1/4，胡萝卜1/2，芦笋全部，剩余的**4**，剩余的胡萝卜和培根。抹平表面。之后步骤和“猪肉派”步骤**11～14**相同。但烘烤温度190℃，烘焙时间为30分钟。表面开始上色至焦色，立刻改为180℃继续烘烤20分钟，一直整体均匀上色。

第二章
咸蛋糕

基础面糊

法式咸蛋糕

咸蛋糕（cake salé）在法文里意为“咸味的蛋糕”。
只要记住基础的面糊制作，配料可以自由改变。
玩转各式配料，也是早午餐以及前菜里一道出彩的菜品。
重点就是“不要过多搅拌”。
所以我发明了用3根筷子来搅拌的方法。
开始也许不太好拿，但只要习惯了就极其简单方便。

蔬菜咸蛋糕

基本配料的鸡蛋、牛奶、色拉油、面粉、芝士之外，还加入了各式蔬菜的传统咸蛋糕。
不但健康，清爽的口感里混合了芝士的香味，吃起来停不下嘴。
从搅拌方法到基础制作的方法，在本篇里都能全部掌握。

材料

［长21cm磅蛋糕模具1个］

咸蛋糕面糊

A［低筋面粉 ••• 125g
　泡打粉 ••• 5g

芝士粉(或者将格鲁耶尔奶酪磨成碎末) ••• 55g
全蛋 ••• 115g
牛奶 ••• 70g
色拉油 ••• 70g
炒洋葱 ••• 36g
意大利香芹（切碎） ••• 适量
盐 ••• 1/4小勺
白胡椒 ••• 1/4小勺

• 本篇使用的芝士粉是美国ARAFT牌帕尔马干酪。其他芝士粉代用时盐味或口感会有所不同，请注意加减。
• 炒洋葱是将2～3个洋葱切成小颗粒，放入色拉油一起翻炒。下锅后开大火，等一部分焦色状后改微火，前后翻炒17～18分钟，整体为焦糖色即可。可冷冻储存。
• 意大利香芹只用于"蔬菜咸蛋糕"，其他的咸蛋糕面糊里不放。

馅料

甜椒（红） ••• 1/3～1/2个
火腿肠 ••• 3片
西葫芦 ••• 1/3～1/2根
西兰花 ••• 10～15小朵

• 整体馅料重量为200～210g。

装饰

甜椒（红甜椒，切成1.5cm的细条状）• 6条
西葫芦（切成厚4mm圆片状）• 6片
迷你西红柿（对半切）• 4个
芝士粉 • 适量

事前准备

• A的低筋面粉与泡打粉混合后过筛。
• 磅蛋糕模里面放入按形状剪好的烘焙纸。
• 烤箱预热（烘烤温度为180℃）。

馅料的事前准备

• 红甜椒切成6～7mm的颗粒。
• 火腿肠切成6～7mm的小块。
• 西葫芦切成8mm的小块。
• 西兰花分割为小朵。

芝士粉的代用品
使用磨成泥的山药或莲藕也能制作面糊。

咸蛋糕的面糊，作为芝士粉的代用品，可改用磨成泥的山药或莲藕。虽然会缺少一种芝士粉特有的醇浓味道，但作为和风的配料，也不失为一种清淡的选择。制作方法，在步骤**2**全蛋搅散之后，加入代替芝士粉（55g）同等量的山药泥，搅拌均匀即可。山药泥非常黏稠，在搅拌过程中可能会让面糊过稠而变硬，这时候加入50～100g的牛奶（配方外）一起搅拌就能柔软。莲藕泥虽然不用担心面糊变硬，也许是成分的原因吧，但烤好的颜色是灰色的。

1 咸蛋糕面糊制作 →

将**A**和芝士粉倒入保鲜袋里，充分摇晃使其饱含空气。

• 面粉和芝士粉一起混合均匀后，搅拌次数就随之减少，烤出来是口感蓬松。

2 →

搅拌盆里放入全蛋后用打蛋器拌匀，再加入牛奶和色拉油充分拌匀。

3 →

加入炒洋葱、意大利香芹、盐、白胡椒，继续搅拌均匀。

• 意大利香芹只用于“蔬菜咸蛋糕”面糊，其他咸蛋糕面坯里不需要。

4 →

取3根筷子，小手指和食指、食指和中指各夹住1根，再用拇指和食指夹住1根，3根筷子要能自由地活动。筷子尖能如三角形般地固定住。

• 使用打蛋器搅拌的话，芝士粉的黏稠会导致面粉粘在打蛋器铁丝上。不顾一切地搅拌会使低筋面粉起筋，导致烤出后口感过于坚硬。

5 →

搅拌盆里加入**1**，按照**4**的握法将筷子垂直地立在盆里，筷子头紧贴盆底不要离开，慢慢地搅拌35～40圈。

→

• 在盆的左侧像顺时针方向画直径约12cm的圆圈一样地搅拌。每搅拌一次，另一只手将盆转到自己身体跟前。搅拌速度大约是10秒转8次为准。食指和拇指夹住的筷子，在转盆时一定要触碰到盆壁，这样才能将面粉干干净净地刮在面糊里而不会残留在盆壁上。

6 →

基本看不到白色面粉就可以了，剩一点儿也没有大问题。虽然面糊不顺滑，但不需要再多余搅拌了。

7 加入馅料 →

加入甜椒（切成颗粒）、火腿肠、西葫芦。

8 →

用刮刀，单手转盆，画大圈地搅拌7～8次。此时如果盆壁还残留有面粉，就一起搅拌到面糊里去。

9 →

模具里倒入**8**的1/2量。

10 →

用刮刀将表面刮平整。

11 →

把西兰花并排着摆放整齐，倒入剩下的面糊，再用刮刀将表面刮平整。

12 →

将装饰用的甜椒和西葫芦、迷你西红柿摆好，撒上芝士粉。

• 迷你西红柿的切面朝上摆放。蔬菜如果切太小或太薄，容易烤煳，要注意。

13 烘烤 →

放入事先预热好的烤箱烘烤50～60分钟，表面的蔬菜和侧面要烤得稍微上焦色（烘烤温度180℃）。顶部的裂缝也完全上色后就OK了。从模具里取出，放在铁网上降温。

胡萝卜咸蛋糕

面糊里混入制作胡萝卜沙拉时削成薄条状的那种胡萝卜薄片。

烤好的蓬松面糊里，加上了脆生生的口感，吃到最后，满口都有胡萝卜的自然甜香。

材料

［长21cm磅蛋糕模具1个］

馅料

胡萝卜 ┅ 150g

毛豆 ┅ 净重50g

咸蛋糕面糊

A［低筋面粉 ┅ 125g
泡打粉 ┅ 5g

芝士粉（或者将格鲁耶尔奶酪磨成碎末）┅ 55g

全蛋 ┅ 115g

牛奶 ┅ 70g

色拉油 ┅ 70g

炒洋葱 ┅ 36g

盐 ┅ 少许

白胡椒 ┅ 少许

装饰

洋葱（切成厚5mm的圆圈状）┅ 中等大小1/2个

迷你西红柿（对半切）┅ 4个

事前准备

- **A**的低筋面粉与泡打粉混合后过筛。
- 磅蛋糕模里面放入按形状剪好的烘焙纸。
- 烤箱预热（烘烤温度为180℃）。

1 制作馅料

用专用的刨刀将胡萝卜擦成丝。放入搅拌盆，撒上1/4小勺的盐（分量外），揉拌均匀后稍微静置，出水后挤干水分。毛豆用盐水（分量外）煮熟，滤掉沸水后浸泡于冷水中。稍待冷却后剥壳取豆。

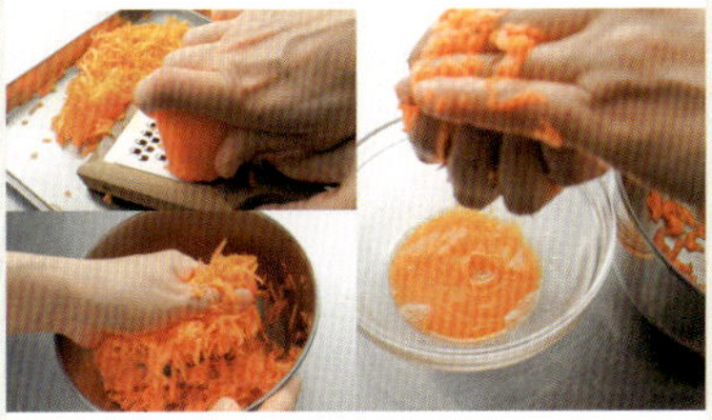

2 制作咸蛋糕面糊

根据P.35～P.37 “蔬菜咸蛋糕”的步骤**1～6**制作面糊。在**7**里加入胡萝卜和毛豆拌匀。

3 入模

把**2**倒入模具，用刮刀平整表面，摆上洋葱和迷你西红柿。

4 烘烤

放入事先预热好的烤箱烘烤50～60分钟，表面的蔬菜和侧面要烤得稍上焦色（烘烤温度180℃）。顶部的裂缝也完全上色后就OK了。从模具里取出，放在铁网上降温。

馅料也可使用的法国传统胡萝卜沙拉

胡萝卜沙拉

材料

胡萝卜 ┅ 净重200g

盐 ┅ 1小勺

橄榄油 ┅ 40～50mL

柠檬汁 ┅ 1大勺

小茴香（根据喜好）┅ 适量

1

用专用的刨刀将胡萝卜擦成丝。放入搅拌盆后撒上盐，揉拌后静置10分钟，挤干水分放入别的盆里。

2

依次加入橄榄油、柠檬汁后拌匀。撒盐（配方外）调味，可根据喜好加入小茴香。

德式土豆沙拉咸蛋糕

松软热乎的土豆，加上美味的咸牛肉罐头。
非常有嚼头的一款咸蛋糕。
不需要一开始就将土豆炒熟。
内馅较多，所以面糊使用得相对少一些。

材料

［长21cm磅蛋糕模具1个］

馅料

土豆 ••• 净重170g

洋葱 ••• 70g

咸牛肉罐头 ••• 50g

盐 ••• 1/6小勺

白胡椒 ••• 1/8小勺

咸蛋糕面糊

A［低筋面粉 ••• 125g
泡打粉 ••• 5g］

芝士粉（或将格鲁耶尔奶酪磨成碎末）••• 53g

全蛋 ••• 110g

牛奶 ••• 67g

色拉油 ••• 67g

炒洋葱 ••• 35g

盐 ••• 1/8～1/6小勺

白胡椒 ••• 1/6小勺

装饰

迷你西红柿（对半切）••• 4个

西葫芦（4～5mm厚半月形）••• 适量

芝士粉 ••• 适量

事前准备

- **A**的低筋面粉与泡打粉混合后过筛。
- 磅蛋糕模里面放入按形状剪好的烘焙纸。
- 烤箱预热（烘烤温度为180℃）。

1 制作内馅

土豆削皮，切成1cm厚的薄片，浸泡水里。洋葱切成2～3mm薄片，炒锅里放色拉油（配方外）开大火翻炒，表面上色为焦黄色即可。加入土豆片，炒至单面成焦糖色（无须炒熟）。接着加入咸牛肉罐头炒散。加入盐、白胡椒调味，倒入盘里摊开散热。

2 制作咸蛋糕面糊

根据P.35～P.37“蔬菜咸蛋糕”的步骤**1～6**制作面糊。在**7**里加入**1**，用刮刀搅拌2～3次。

- 和其他的咸蛋糕面糊相比搅拌次数少些会比较好吃。
- 内馅的咸味较重，所以这里就不多放了。

3 入模

把**2**倒入模具，用刮刀平整表面，摆上迷你西红柿和西葫芦，撒上芝士粉。

4 烘烤

放入事先预热好的烤箱烘烤50～60分钟，表面的蔬菜和侧面要烤得稍上焦色（烘烤温度180℃）。顶部的裂缝也完全上色后就OK了。从模具里取出，放在铁网上降温。

樱花虾和茼蒿咸蛋糕

拥有独特香气的樱花虾干里混合了另一种强烈气味的茼蒿菜。

绿色的切片中，点缀着粉色樱花虾干，非常漂亮。

材料

［长21cm磅蛋糕模具1个］

馅料

樱花虾 ••• 80g

茼蒿菜 ••• 100g

咸蛋糕面糊

A ┌ 低筋面粉 ••• 125g
  └ 泡打粉 ••• 5g

芝士粉（或将格鲁耶尔奶酪磨成碎末）••• 55g

全蛋 ••• 115g

牛奶 ••• 70g

色拉油 ••• 70g

炒洋葱 ••• 36g

盐 ••• 1/8～1/6小勺

白胡椒 ••• 1/4小勺

装饰

水洗芝麻（黑、白）••• 20g

• 樱花虾请使用新鲜的（冷冻也可）或蒸煮熟的。

• 如果没有水洗芝麻，用炒芝麻代替。如使用炒芝麻，可省去事前准备炒芝麻的步骤。

事前准备

• **A**的低筋面粉与泡打粉混合后过筛。

• 磅蛋糕模里面放入按形状剪好的烘焙纸。

• 水洗芝麻用小锅开中火炒香。

• 烤箱预热（烘烤温度为180℃）。

1 制作内馅

如果樱花虾是冷冻的就放置室温里自然解冻。茼蒿洗净后放在过滤网中充分控干水分。去掉硬梗，切碎成7～9mm备用。

2 制作咸蛋糕面糊

根据P.35～P.37 “蔬菜咸蛋糕”的步骤**1～6**制作面糊。在**7**里加入**1**搅匀。

• 因食材较多，整个面糊会比较硬，但没太大关系。

3 入模

把**2**倒入模具，用刮刀平整表面，将炒黑白芝麻覆盖于整个表面。

4 烘烤

放入事先预热好的烤箱烘烤50～60分钟，表面的蔬菜和侧面要烤得稍上焦色（烘烤温度180℃）。顶部的裂缝也完全上色后就OK了。从模具里取出，放在铁网上降温。

三文鱼和酸奶油咸蛋糕

使用切块的烟熏三文鱼，突出整个食材的口感。
和清爽的酸奶油十分搭配。
搭配上利口的白葡萄酒，也非常和谐。

材料

［长21cm磅蛋糕模具1个］

馅料

洋葱 ••• 40g

茴香 ••• 1/2～1盒

烟熏三文鱼（小块）••• 120g

白胡椒 ••• 1/8小勺

柠檬汁 ••• 1/2小勺

酸奶油 ••• 80g

咸蛋糕面糊

A［低筋面粉 ••• 125g

泡打粉 ••• 5g］

芝士粉（或将格鲁耶尔奶酪磨成粉）••• 55g

全蛋 ••• 115g

牛奶 ••• 70g

色拉油 ••• 70g

炒洋葱 ••• 36g

装饰

茴香枝 ••• 2根

洋葱（切成5mm薄片）••• 1/4个

• 如果只买到片装烟熏三文鱼，需切成大片加入面糊里。

事前准备

• **A**的低筋面粉与泡打粉混合后过筛。

• 磅蛋糕模里面放入按形状剪好的烘焙纸。

• 烤箱预热（烘烤温度为180℃）。

1 制作内馅

洋葱切成1cm小块。茴香切碎。烟熏三文鱼剔去鱼骨，切成1.5cm小块。撒上白胡椒和柠檬汁静置。

2 制作咸蛋糕面糊

根据P.35～P.37“蔬菜咸蛋糕”的步骤**1～6**制作面糊。在**7**里加入洋葱粒和茴香碎，扩散到整个面糊里搅拌均匀。再加入滤干水分的三文鱼块，搅拌2～3次。

3 入模

将**2**的1/2量倒入模具，用刮刀平整表面，用勺子取酸奶油后依图摆放成一排。

4

再加入剩下的面糊，用刮刀平整表面，放上装饰用的茴香和洋葱片。

5 烘烤

放入事先预热好的烤箱烘烤50～60分钟，表面的蔬菜和侧面要烤得稍上焦色（烘烤温度180℃）。顶部的裂缝也完全上色后就OK了。从模具里取出，放在铁网上降温。

小扁豆和高达奶酪咸蛋糕

用山药代替了芝士粉的配方。
清淡的面糊可以搭配任何一款食材配料。
特别是和煮豆子之类口味较浓的菜品，非常搭配。

材料

［长21cm磅蛋糕模具1个］

馅料

煮小扁豆（P.25）··· 200g

高达奶酪 ··· 50g

咸蛋糕面糊

A ┌ 低筋面粉 ··· 125g
  └ 泡打粉 ··· 5g

全蛋 ··· 115g

山药（磨成泥）··· 60g

牛奶 ··· 70g

色拉油 ··· 70g

炒洋葱 ··· 36g

盐 ··· 1/6～1/4小勺

白胡椒 ··· 1/8小勺

装饰

意大利香芹（切碎）··· 适量

• 也可用其他的半硬质成熟奶酪代替高达奶酪。

事前准备

• **A**的低筋面粉与泡打粉混合后过筛。

• 磅蛋糕模里面放入按形状剪好的烘焙纸。

• 烤箱预热（烘烤温度为180℃）。

1 制作内馅

煮小扁豆按照本书P.25步骤，可提前预备。高达奶酪切成1cm正方体小块。

2 制作咸蛋糕面糊

搅拌盆里加入全蛋用打蛋器打散。加入山药泥，虽不容易搅拌，但还是需要让整体都融为一体地拌匀。

3

依次加入牛奶和色拉油、炒洋葱，加盐和白胡椒，每加一次都需拌匀。如果面糊过硬可添加牛奶（配方外）（→P.35）。

• 使用山药的配方盐分要比芝士粉的面糊多些，但考虑整体口感，需适量增减。

• 由于山药的品种和混合在面糊的时机，会导致面糊的软硬有所不同。请随机应变增减牛奶的分量。

4

加入**A**，用3根筷子按照P.36的步骤**4～5**搅拌50～60次。虽然山药泥不容易拌匀，只需整体看不到面粉即可。

5 加入馅料

加入煮小扁豆。用刮刀搅拌3～4次。单手转盆的同时，画大圈拌匀。只需简单混合，无须拌匀。

6 入模

模具里倒入**5**的1/2分量。如图并排摆好2/3高达奶酪。

7

倒入剩下的面糊。用刮刀平整表面。撒上意大利香芹。

8 烘烤

放入事先预热好的烤箱烘烤50～60分钟，表面的蔬菜和侧面要烤得稍上焦色（烘烤温度180℃）。顶部的裂缝也完全上色后就OK了。从模具里取出，放在铁网上降温。

野生大米咸蛋糕

法式乡村咸派里也用过野生大米配料。
咬起来脆砰砰的口感，非常美味。
因为野生大米也是一种大米品种，所以这是一道能填饱肚子的菜品。

材料

［长21cm磅蛋糕模具1个］

馅料

煮野生大米（→P.23）••• 180g

洋葱（中型）••• 1/3个

咸蛋糕面糊

A［低筋面粉 ••• 125g
 泡打粉 ••• 5g

芝士粉（或将格鲁耶尔奶酪磨成粉）••• 55g

全蛋 ••• 115g

牛奶 ••• 70g

色拉油 ••• 70g

炒洋葱 ••• 36g

盐 ••• 少许

白胡椒 ••• 少许

装饰

甜椒（黄甜椒，切成1.5cm细条状）••• 6根

迷你西红柿（对半切）••• 4个

事前准备

- **A**的低筋面粉与泡打粉混合后过筛。
- 磅蛋糕模里面放入按形状剪好的烘焙纸。
- 烤箱预热（烘烤温度为180℃）。

1 制作内馅

煮野生大米按照本书P.23步骤，可提前预备。洋葱切成3～4mm厚的圆圈片。

2 制作咸蛋糕面糊

根据P.35～P.37“蔬菜咸蛋糕”的步骤**1～6**制作面糊。

3 入模

把**2**的1/4分量倒入模具，并排摆放洋葱圈，再倒入煮野生大米的1/3分量。

4

把剩下的面糊倒入剩下的煮野生大米里，用刮刀搅拌4～5次。单手转盆的同时，画大圈拌匀。

5

将**4**倒入模具，用刮刀平整表面，装饰甜椒和迷你西红柿。

6 烘烤

放入事先预热好的烤箱烘烤50～60分钟，表面的蔬菜和侧面要烤得稍上焦色（烘烤温度180℃）。顶部的裂缝也完全上色后就OK了。从模具里取出，放在铁网上降温。

各式模具烘烤的咸蛋糕

使用玛德琳或费南雪等小型模具来烘焙咸蛋糕，即变身为小巧可爱的零食。

烤成各种形状后做成拼盘，在派对上也很受欢迎。

面糊的做法不变，只需在模具里抹上黄油撒上面粉。面糊放入模具的8分满左右，烘焙时间缩短为15～20分钟。烘烤时请留意观察状态。

第三章
鸡肉派

基础派皮

简单的折叠派皮面团

用料理机一气呵成搅拌成型派皮面团后醒面，
只需要连续折3层、4层就能做出24层的折叠派皮。
是我亲自改良后的“美式千层酥皮”。
面团的延展方法和折叠方法，请一定要记牢。
事前把材料和道具都放在冰箱里冷却，快速地制作是成功的秘诀。

鸡肉派

成功地制作一张美丽的起层派皮，肯定想放入自己的拿手菜谱里面吧。
本书介绍的速成法，会让你轻松地掌握制作派皮技巧。
首先，让我们来制作这道令人向往的乡村鸡肉派吧。

材料［直径23cm的派盘1个］

简易折叠派皮

A
- 低筋面粉 ··· 110g
- 高筋面粉 ··· 110g
- 盐 ··· 4g
- 白砂糖 ··· 7g

发酵黄油（无盐）··· 185g

B
- 牛奶 ··· 28g
- 水 ··· 56mL

手粉（高筋面粉）··· 适量

• 擀派皮时改变方向，或者是派皮粘在面板上不易操作时使用。因使用次数较多，所以每次极力控制只用少量。

蛋黄液

蛋黄 ··· 1个
牛奶 ··· 3g

馅料

C
- 白蘑菇（或香菇）··· 30g
- 红葱头 ··· 30g
- 洋葱 ··· 80g

香芹 ··· 5g
龙蒿 ··· 5g
黄油 ··· 少许
鸡腿肉+鸡胸脯肉 ··· 共400g
猪腿肉（或猪肩肉）··· 150g
盐 ··· 1/4小勺
白胡椒 ··· 1/2小勺

D
- 全蛋 ··· 80g
- 牛奶 ··· 40g

事前准备

• **A** 低筋面粉和高筋面粉混合过筛。
• 发酵黄油切成1.5～2cm正方体小块，放入冷冻室冰冻。
• **B**混合均匀，置冰箱里冷藏。
• 制作蛋黄液。打散的蛋黄里加入牛奶混合均匀即可。
• 烤箱预热（烘烤温度为200℃）。

1 制作派面团 →

将**A**和黄油放入料理机里，搅拌数秒，直至黄油变成红豆大小（5～6mm）。

2 →

一次性地倒入**B**，一小会儿一小会儿地暂停式搅拌，变成如下图状态看不到面粉为止。

3 →

料理盘里铺上保鲜膜，倒入**2**，连保鲜膜一起按紧成团，最后成型为9cm×19cm的长方形。

4 制作派面团 →

在保鲜膜上用擀面杖将面团以相同力道压制，成型为10cm×20cm的长方形。放入冰箱，冷藏4小时以上。

• 放入冰箱冷藏，是为了让面团更加滋润，不易断裂。

• 用手来制作的话会让面团温度增高。这里请务必使用擀面杖。

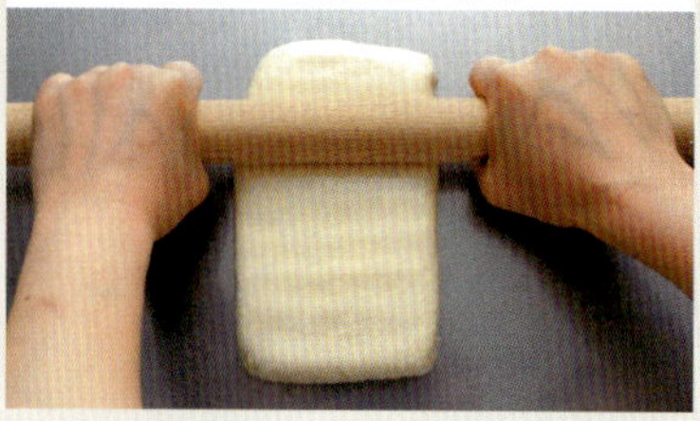

5 延展面团 →

从冰箱里取出后去掉保鲜膜，操作台上撒上手粉，用擀面杖压制成宽15cm左右的派皮。

• 用同样的力道和间距使用擀面杖压制派皮，会比较容易成型。

6 →

用擀面杖轻轻敲打派皮四边，使边缘成为整齐直线。

7 →

操作台上扑上手粉，用擀面杖将面皮擀制成为50～55cm（宽度15cm不变）长度。如果有推不开的感觉，再扑点儿手粉，并敲打派皮两边，务必使边缘成为整齐的直线。

→

• 擀面杖要一推到底，不能中途停下（如图）

派皮的推压方式，从中间朝上推，从中间朝下推。派皮中心为起点，让擀面杖只走“单行道”。上下为一个组合动作，完了再做第二组。留心让整体都压制平坦，如此反复数次。

8 折叠3层 →

用毛刷刷去表面多余的手粉。竖着折叠为3层，派皮层次紧密结合，不要有多余的空气。

• 黄油颗粒较多的一面朝上，折叠在中间较好。

• 用手指拎着派皮的两角重合，尽量使边缘成为整齐的直线。

9 擀派皮 →

派皮重合的三个边用擀面杖压紧实。压的时候用食指卡在擀面杖下面，让三个边都是同样厚度（下图右）。

10 →

操作台上撒上手粉，用擀面杖擀派皮，使其之间紧密。没有接缝的边朝内放好派皮，擀面杖擀派皮长为20cm左右，顺时针转90°（没接缝的边转为朝左），轻轻敲打派皮两边，使边宽为20～22cm。

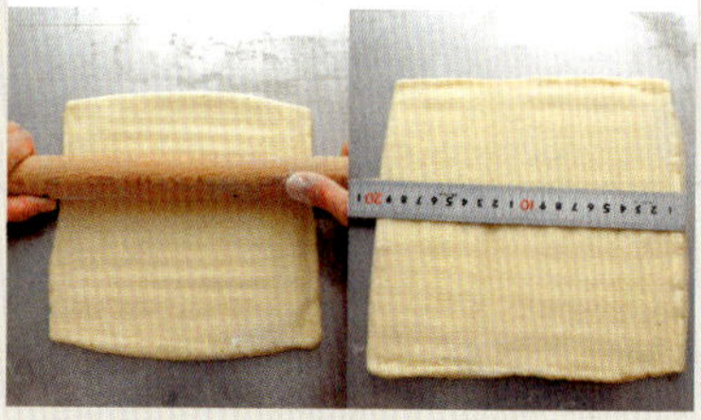

11 →

操作台上撒上手粉，以7的步骤擀制派皮，边长为50～55cm。如果有推不开的感觉，再撒点儿手粉，并敲打派皮两边，务必使边缘成为整齐的直线。

12 折叠4层 →

用毛刷刷去表面上多余的手粉。竖着折叠为4层，派皮层次紧密结合，不要有多余的空气。

- 黄油颗粒较多的一面朝上，折叠在中间较好。
- 派皮由上朝下向中间线对折，再由下朝上向中间线对折。
- 用手指拎着派皮的两角重合，尽量使边缘成为整齐的直线。

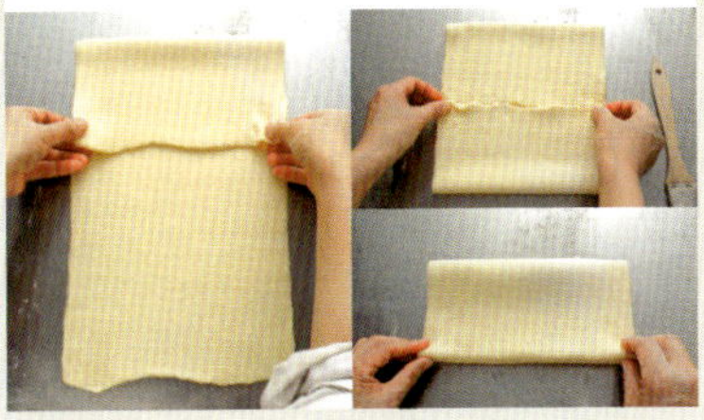

13 →

将派皮的两边接缝和对折的接缝都用擀面杖压紧实。压的时候用食指卡在擀面杖下面，让三个边都是同样厚度。包上保鲜膜，放入冰箱冷藏2小时。

14 放入派模 →

从冰箱里取出**13**去掉保鲜膜。用切刀切成2块，其中一边稍大些。稍大的那块用保鲜膜包好放入冰箱冷藏待用。

15 →

操作台上撒上手粉，放上小的那块派皮，用擀面杖擀成比派盘稍微大一圈的24cm长，4mm厚。放在铺好了烘焙纸的烤盘上，放入冰箱冷藏30分钟以上。

16 →

从冰箱里取出**14**的稍大派皮，去掉保鲜膜。用擀面杖擀成比派盘稍微大一圈的25cm、长4mm厚的面皮，用擀面杖卷起，撒上手粉的面朝上，快速地盖在派盘上。

17 →

用毛刷刷去多余的手粉，用手指将派皮紧压着派盘转一圈。放入冰箱冷藏。

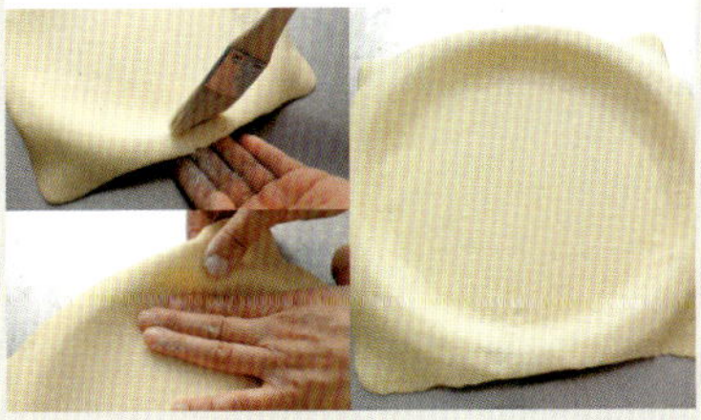

18 制作馅料 →

C，香芹和龙蒿切碎。锅里放黄油开中火热锅，炒香洋葱和红葱头，再加入白蘑菇继续翻炒，最后放入盘里冷却待用。

19 →

鸡肉去皮剔筋，猪肉切成2～3cm小块，放入料理机里绞碎成7～8mm小块的绞肉。

20 →

搅拌盆里加入**18**和**19**，放入盐和白胡椒，用刮刀搅拌出黏稠感为止。

21 成型 →

取出**17**的派盘，填满馅料。派盘边缘的派皮上涂蛋黄液，铺上**15**的派皮后将两层接缝按紧实，接缝之间不要含有空气。

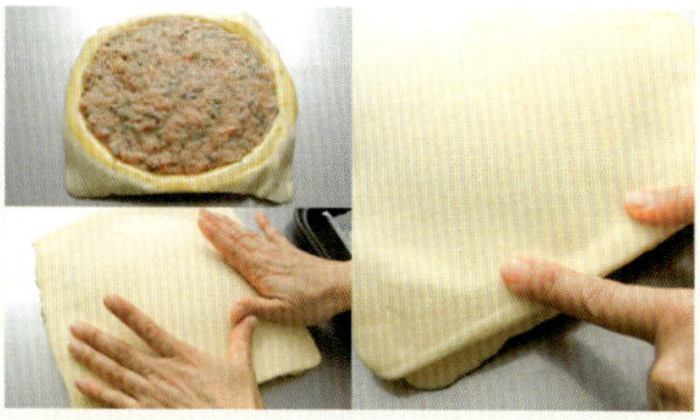

22 →

用切刀由上至下地切掉多余的派皮。这时要注意不要将边缘的厚度压薄了。

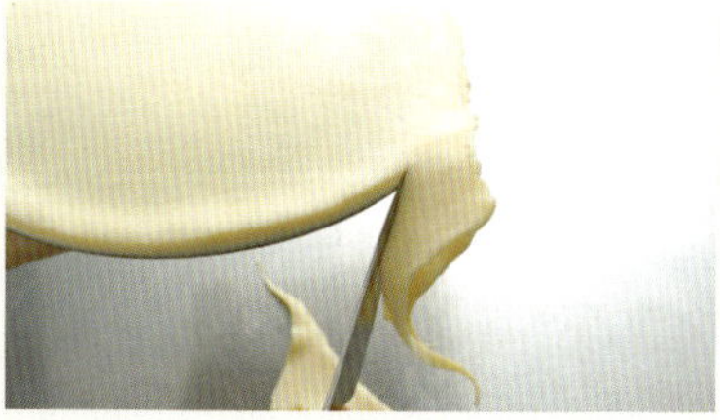

23 →

用叉子在派皮边缘压出纹路。用毛刷均匀地涂满蛋黄液。

24 →

在**22**切掉的派皮上，用模具压花，作为装饰贴在**23**的表面。刷上蛋黄液（注意不要刷在已经刷过的派皮上）。用刀在表面按5cm间距切割一条刀痕。

→

为了防止派皮破裂必须切割。

25 烘烤 →

放入已经预热好的烤箱里烘烤1小时（烘烤温度200℃）。表面完全上色后就OK了。将整个派盘放在铁网上，待冷即可。

法式土豆派

制作这款派的时候，心情一直是处于某种兴奋状态。将蔬菜包裹在派皮里，其间，需要在膨胀的派皮里加入淡奶油等，令人愉快的操作一步接一步。

然后当切刀插入这款热腾腾的派的一瞬间，伴随迷迭香的香气，同时登场的是松软热乎的土豆。

它是一款不会辜负您期望的美味哦。

材料［直径20cm1个］

简易折叠派皮

A
- 低筋面粉 ··· 110g
- 高筋面粉 ··· 110g
- 盐 ··· 4g
- 白砂糖 ··· 7g

发酵黄油（无盐）··· 185g

B
- 牛奶 ··· 28g
- 水 ··· 56mL

手粉（高筋面粉）··· 适量

馅料

土豆 ··· 净重210g

洋葱 ··· 50g

意大利香芹 ··· 适量

迷迭香 ··· 适量

盐 ··· 1/6小勺

白胡椒 ··· 1/6小勺

淡奶油（脂肪含量45%）··· 60～80g

蛋黄液

蛋黄 ··· 1个

牛奶 ··· 3g

1 制作简易折叠派皮

依照P.53～P.56“鸡肉派”的准备工作，以及制作步骤**1～13**做好折叠派皮，放入冰箱冷藏室里静置2小时以上。

2 制作准备

将**1**从冰箱里取出去掉保鲜膜。用刮板等工具将派皮切为大小不等（比例为3：2）的两块。分别放在撒了手粉的操作台上，用擀面杖擀为24cm的大方片和18cm的小方片。再分别放在已经铺好的烘焙纸上（24cm的大方片需放在烤盘上），用慕斯圈测量大小，分别切割为24cm和18cm的圆片。都放入冰箱里冷藏15分钟以上。

3 制作馅料

土豆削皮对切4块，再切成4～5mm薄片。洋葱、意大利香芹、迷迭香切碎。全部放入搅拌盆，加入盐和白胡椒，用勺子稍微拌匀。

4

在大片的圆派皮约宽为4mm的边缘处用毛刷刷上一圈蛋黄液。中心放上馅料。

5

将小的圆派皮盖在馅料上，用手压紧，再全部都涂上蛋黄液。

6

将下面的派皮边缘提起，用手指一边做出褶皱一边紧贴上面的派皮压紧。

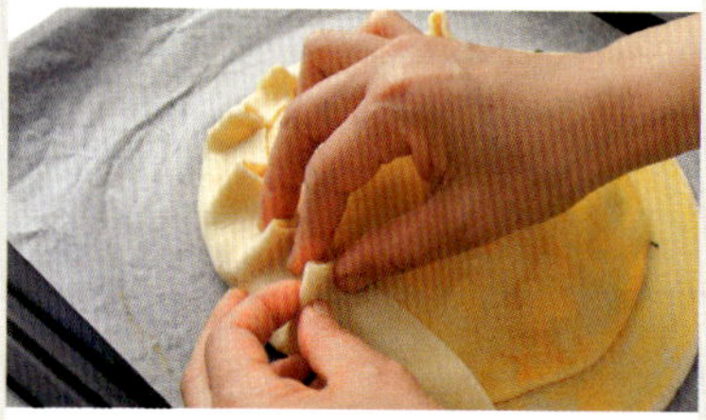

7

褶皱里也涂抹蛋黄液，让褶皱都朝一个方向用手指按倒，使其紧贴表面。

• 这个步骤里如果不把褶皱边缘压紧，烘烤时里面的馅料有溢漏的危险。

8

用比萨轮刀压出纹路后，再用小刀切割一个1cm左右的十字架。

9 烘烤

放入已经预热好的烤箱里烘烤30分钟（烘烤温度200℃）。表面完全淡淡上色后就取出，把花嘴插在事先切割好的十字口上，慢慢地倒入淡奶油。再将整个派放回烤箱，继续烘烤30分钟。待整个表面都完全上色就OK了。取出后静置，再放在网架上待冷即可。

三文鱼派

加入了粉丝和白水鸡蛋的俄式怀旧三文鱼派。
如果是用鱼肉做的派，那我最爱这款。

材料［直径23cm的派盘1个］

简易折叠派皮

A
- 低筋面粉 ··· 110g
- 高筋面粉 ··· 110g
- 盐 ··· 4g
- 白砂糖 ··· 7g

发酵黄油（无盐）··· 185g

B
- 牛奶 ··· 28g
- 水 ··· 56mL

手粉（高筋面粉）··· 适量

馅料

新鲜三文鱼 ··· 350g

盐 ··· 1小勺

鲜柠檬汁 ··· 1/2个柠檬的量

洋葱 ··· 1/2大勺

葱 ··· 1小根

色拉油 ··· 1大勺

盐 ··· 少许

白胡椒ⓐ ··· 少许

粉丝（干燥）··· 25g

白水煮蛋 ··· 2个

白胡椒ⓑ ··· 1/4小勺

蛋黄液

蛋黄 ··· 1个

牛奶 ··· 3g

1 制作简易折叠派皮

依照P.53～P.56“鸡肉派”的准备工作，以及制作步骤**1～17**做好折叠派皮，在派盘上铺好，静置于冰箱冷藏室备用。

2 制作馅料

新鲜三文鱼上撒盐，放置20分钟。待表面渗出水分时用厨房用纸抹干。切成2cm小块，挤上鲜柠檬汁。

3

洋葱切成3mm的薄片，葱切成4cm细丝。锅里加色拉油开中火热锅，倒入洋葱丝和葱丝，翻炒为焦糖色。加入盐和白胡椒ⓐ调味。

4

粉丝放在热水里（分量外）烫3分钟，再浸泡于冷水里，捞起切成10cm长度。白水煮蛋切成粗颗粒状。

5 成型至烘烤

1的派盘皮边缘涂上蛋黄液，依次填满粉丝，**3**，擦干水分后撒了白胡椒ⓑ的新鲜三文鱼块，白水煮蛋。按照P.56的步骤**21～25**成型后烘烤（烘烤温度200℃）。

- 装饰使用了鱼的形状。

碎牛肉派

外观制作成了三角形的迷你派，既不需要模具也不会剩余面皮。
用碎牛肉精心调制的馅料，完成后的口感一点儿也不含糊，
是一种奢侈的美味。
将切割好的派皮冷藏后再制作，
不仅外观整齐，吃起来也是蓬松酥脆的。

材料［8个份］

简易折叠派皮

A
- 低筋面粉 ••• 110g
- 高筋面粉 ••• 110g
- 盐 ••• 4g
- 白砂糖 ••• 5g

发酵黄油（无盐）••• 185g

B
- 牛奶 ••• 28g
- 水 ••• 56mL

手粉（高筋面粉）••• 适量

馅料

培根 ••• 40g
洋葱 ••• 40g
胡萝卜 ••• 30g
西芹 ••• 30g
大蒜 ••• 1/2个
色拉油 ••• 1小勺
碎牛肉（绞肉）••• 170g
波特酒（或红葡萄酒）••• 45mL
番茄酱 ••• 100g
水 ••• 60mL
盐 ••• 3/4小勺
白胡椒 ••• 1/8小勺
香叶 ••• 1片
肉豆蔻粉 ••• 少许
面包屑 ••• 适量

蛋黄液

蛋黄 ••• 1个
牛奶 ••• 3g

1 制作简易折叠派皮

依照P.53～P.56“鸡肉派”的准备工作，以及制作步骤**1～13**做好折叠派皮，放入冰箱冷藏室里静置2小时以上。

2 制作馅料

培根、洋葱、胡萝卜、西芹全部切碎。大蒜切片。

3

锅里放入色拉油和大蒜，开小火炒香，加入培根翻炒。

4

将培根炒出油后依次加入洋葱、胡萝卜、西芹，改中火继续翻炒。

5

待洋葱变透明后，加入牛肉绞肉翻炒，颜色变深后加入波特酒，改大火翻炒同时蒸干水分。

6

待锅内水分已干，加入番茄酱稍微拌匀。依次加入水、盐、白胡椒、香叶、肉豆蔻粉，改小火蒸煮数分钟，收干锅里的水。品尝一下食材的咸淡，不够的话可以按喜好添加。最后放入盘里摊开冷却。

7 擀面皮

将**1**从冰箱里取出，用刮板对切两半。

8

将派皮撒上手粉，用擀面杖擀成22cm的正方形，用比萨轮刀切为4等份的正方形，按照这个方法做成11cm大小的8片派皮。

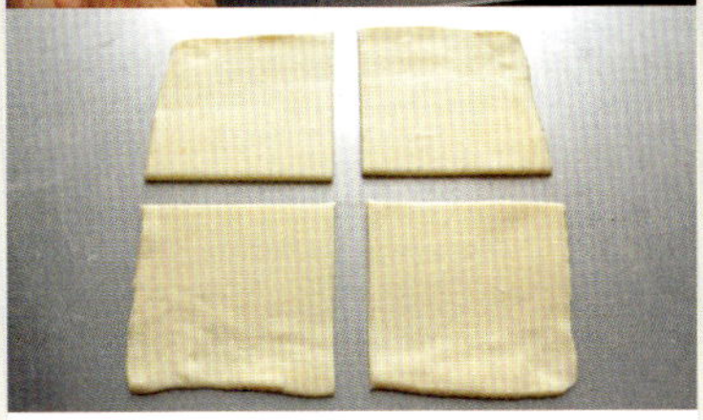

9 成型

3的边缘用毛刷刷上蛋黄液，再把一撮面包屑和馅料40g放在派皮上，折叠压实成三角形。其他几个也同样。

10

把9放在铺上烘焙纸的烤盘上，用叉子背压出纹路。刷上蛋黄液，再用叉子叉出气孔。

11 烘烤

放入已经预热好的烤箱里烘烤20～25分钟（烘烤温度200℃）。边缘上色成焦糖色就OK。放置于网架上冷却即可。

第四章

夫兰佩派

夫兰佩派

法国东部阿尔沙斯地区的有名乡村料理，夫兰佩派（又叫阿尔沙斯火焰薄饼，意为在火炉中烘烤的馅饼）。

在制作配方时，我一边回忆在当地品尝过的味道，一边思考配方。

原本要加入酵母发酵，但此配方不需要。

像苏打饼干那样稍微带着咸味的面皮，含脂量很少，口感酥脆而轻盈。

将馅料像印度咖喱角那样包裹着烘烤，也非常可口哦。

经典夫兰佩派

基本的做法是在面皮里刷上法式白奶酪（fromage blanc），加入各种馅料即可。
传统的馅料是洋葱和培根，无论何时品尝，它们都是最经典的组合。

材料［30cm×30cm的烤盘1个］

夫兰佩派面皮

A
- 发酵黄油（无盐）••• 50g
- 低筋面粉 ••• 100g
- 高筋面粉 ••• 50g
- 泡打粉 ••• 4g
- 白砂糖 ••• 1小勺
- 盐 ••• 1/8小勺

B
- 蛋黄 ••• 10g
- 牛奶 ••• 63g

手粉（高筋面粉）••• 适量

馅液

法式白奶酪 ••• 75g
淡奶油（脂肪含量45%）••• 30～40g
盐 ••• 1/6小勺
白胡椒 ••• 少许
肉豆蔻粉 ••• 少许

• 法式白奶酪可用脱乳清酸奶代替。做法简单，纯味酸奶（无糖）100g倒入咖啡过滤杯里2～3小时，过滤掉乳清，可得到大约75g的脱乳清酸奶。

馅料

洋葱 ••• 2/3个
黄油 ••• 少许
培根 ••• 80～100g

事前准备

• 黄油切成1.5～2cm正方体小块，放入冷冻室，冷却待用。
• **A**的低筋面粉、高筋面粉、泡打粉混合后过筛。
• **B**搅拌后放入冷藏室，冷却待用。
• 烘焙纸剪成30cm见方的形状。
• 预热烤箱（烘烤温度190℃）

1 制作夫兰佩派面皮 →

将**A**和黄油放入料理机里，搅拌数秒，直至黄油变成红豆大小。

2 →

加入**B**，搅拌约10秒使其混合为一体。

3 →

取出面皮，用手压成一团后包上保鲜膜，用擀面杖擀成12cm见方、1～1.5cm厚度的方块。放入冷藏室，冷却1小时以上。

接下页→

4 制作馅液

搅拌盆里加入全部材料，用打蛋器搅拌均匀。

• 可提前做好放入冰箱冷藏。

5 制作馅料

将洋葱竖切为薄片。煎锅加热放黄油熔化，再加入洋葱片用小火翻炒熟透。培根切成7mm细条状，加入煎锅，开小火稍微翻炒后，放在厨房用纸上吸去多余油脂。

• 可提前做好放入冰箱冷藏。

6 擀面皮 →

从冰箱里取出**3**，去掉保鲜膜。操作台面撒上手粉，将面皮擀成30cm的正方形，2～3mm厚度的方块。

→

• 擀面皮的手法，由中心朝上，由中心朝下……擀面杖是从面皮中心只朝一个方向滚动，而不是来回滚动。上下滚动一次，将面皮以顺时针方向转90°，再重复上下擀面皮手法。依此数次，擀成正方形。一定要将面皮擀平整。如果边缘凹凸不平，可用擀面杖轻敲边缘整顿。

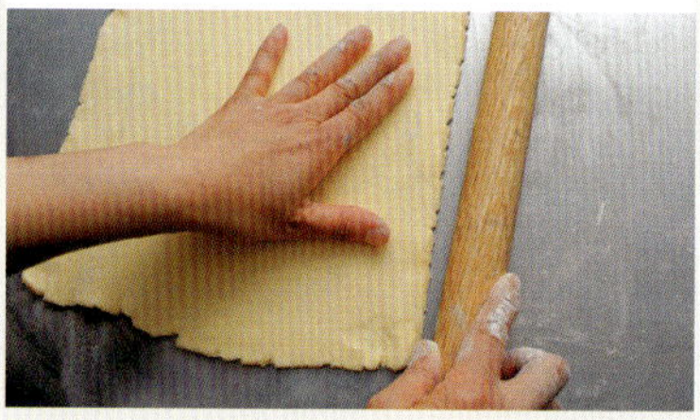

7 放入模具 →

面皮背面朝上，用擀面杖卷起在烘焙纸上。手指蘸点手粉，把面皮的四个角都整齐地贴好。

8

烘焙纸放入烤盘，用叉子在面皮的表面上叉孔。

• 如果不马上烘烤，就在这种状态下包上保鲜膜放入冰箱冷藏。

9 烘烤

倒入馅液，用刮刀整理均匀，再铺上馅料。

10

放入已经预热好的烤箱里烘烤23～25分钟（烘烤温度190℃）。表面完全上色，边缘稍微焦煳即可。请趁热品尝。

小贴士——关于面坯和馅料馅液的组合方式

只要掌握了本书中各种面坯的诀窍，即可自由自在地组合馅液和馅料哦，也可以发明自己口味的配方。我们来整理一下适合各种面坯的组合吧。

咸派

◎馅料里如果水分过多，和馅料搅拌时偶尔会分离。蔬菜类的食材请提前炒熟。

◎菜叶类的食材事前烫熟后再炒，就没那么容易出水分。

◎“猪肉派”（P.28 ~ P.30），“蔬菜派”（P.31 ~ P.32），也可以制作成印度咖喱角一样的形状。

咸蛋糕

◎如果是蒸煮方式，15分钟左右能蒸熟的蔬菜可以直接加入。

◎豆类食材需要煮熟后加入。

◎已经调味后的熟食可以直接作为馅料使用。

◎“蘑菇咸派”（P.12 ~ P.13）、“菠菜咸派”（P.14 ~ P.15）、“甜洋葱咸派”（P.16 ~ P.17）、“轻洋葱咸派”（P.18 ~ P.19）的馅料用于咸味蛋糕也非常美味。合适分量为200 ~ 300g。

◎“猪肉派”（P.28 ~ P.30）、印度咖喱角（P.72 ~ P.73）的馅料稍微与面糊混合搅拌后烘烤，表面会成为有趣的混合状。

鸡肉派

◎适合已经加工过的调味熟食作为馅料。

◎比起太过于干燥的食材，更适合含有水分的“黏糊”状的食材。

◎生肉或生鱼肉也OK，但需要在馅料和派皮之间加入面包屑或粉丝，帮助吸收水分。

◎“鸡肉派”（P.53 ~ P.56）可以做成和“印度咖喱角”（P.72 ~ P.73）一样的形状。

◎“碎牛肉派”（P.62 ~ P.64）可用法式酥皮派皮，或夫兰佩派的面皮也能制作。这时候请在面皮重合处刷上蛋液。

夫兰佩派

◎新鲜蔬菜也可以。

◎如果在烘烤时食材的表面过于干燥，可以刷上橄榄油保湿。

◎已经煮熟调味的小扁豆或者野生大米等熟食，可以直接作为馅料使用。

◎“印度咖喱角”（P.72 ~ P.73）的3种菜谱都可以用法式酥皮派皮、简易折叠派皮代替。用法式酥皮派皮、简易折叠派皮制作时在派皮重叠的部分刷上蛋液。

◎第一章“咸派”的馅料大多数也非常搭配夫兰佩派。多涂点儿馅液，“甜洋葱咸派”（P.16 ~ P.17）、“轻洋葱咸派”（P.18 ~ P.19）、“下仁田葱咸派”（P.20 ~ P.21）也十分美味。如果在烘烤时感觉馅料要烤煳了，可以撒点儿帕马森干酪，或涂些淡奶油即可。

两种比萨口味的夫兰佩派

将夫兰佩派的面坯制作成比萨饼的样子，按个人喜好添加食材吧。
尺寸也请自己制订。
本书里制作的是迷你比萨饼式的。
薄薄的非常轻盈的口感。
非常适合当小零食来品尝哦。

材料［直径12cm7张份］

夫兰佩派面皮

A
- 发酵黄油（无盐）••• 50g
- 低筋面粉 ••• 100g
- 高筋面粉 ••• 50g
- 泡打粉 ••• 4g
- 白砂糖 ••• 1小勺
- 盐 ••• 1/8小勺

B
- 蛋黄 ••• 10g
- 牛奶 ••• 63g

手粉（高筋面粉）••• 适量

番茄酱 4张份

番茄纯汁 ••• 50g

盐 ••• 2小撮

白胡椒 ••• 2小撮

意式青酱 4张份

甜罗勒酱 ••• 2大勺

馅料 1张份

迷你西红柿 ••• 2个

白橄榄 ••• 2颗

马苏里拉芝士 ••• 适量

青椒（切成圆圈）••• 少许

洋葱（切薄片）••• 少许

意式萨拉米香肠（切成圆薄片）••• 适量

甜罗勒叶 ••• 适量

• 面皮换成法式酥皮派皮也可同样制作。

1 制作夫兰佩派面皮

根据P.67～P.68“经典夫兰佩派面皮”的事前准备以及步骤**1～3**来制作面皮。分割成约40g大小，撒上手粉，用擀面杖擀成厚3mm、直径12cm的圆形，放在铺好烘焙纸的烤盘上。

2 烘烤

将番茄酱或意式青酱涂在**1**上，放上馅料，在预热好的烤箱里烘烤20～25分钟（烘烤温度190℃）。边缘稍微呈焦色状就OK了。根据个人喜好，放上手撕的甜罗勒叶，请趁热品尝。

印度咖喱角

印度菜里的咖喱角，原本是用一种叫“Atta”（阿塔粉）的全麦粉来制作的。但夫兰佩派的面皮也能做出非常美味的咖喱角。非常推荐哦！

不用油炸而换作烤箱烘焙，配料用土豆、豆子、鸡肉绞肉，调味则使用了泰国鲜味汁（seasoning sauce）和香菜，是可口的亚洲风味。

材料［7个份］

夫兰佩派面皮

发酵黄油（无盐）··· 50g

A
- 低筋面粉 ··· 100g
- 高筋面粉 ··· 40g
- 全麦粉 ··· 10g
- 香旱芹（如果有）··· 2g
- 泡打粉 ··· 4g
- 白砂糖 ··· 1小勺
- 盐 ··· 1/8小勺

B
- 蛋黄 ··· 10g
- 牛奶 ··· 63g

手粉（高筋面粉）··· 适量

馅料

土豆 ··· 100g
色拉油 ··· 1小勺
鸡胸肉绞肉 ··· 100g
炒洋葱 ··· 40g
盐 ··· 1/4小勺
白胡椒 ··· 1/4小勺
白砂糖 ··· 1/2小勺
泰国调味香料酱油 ··· 1/3小勺
鹰嘴豆（煮熟）··· 50g
香菜（切碎）··· 15g～（根据喜好）

蛋黄液

蛋黄 ··· 1/2个
牛奶 ··· 1/4小勺

- 换成法式酥皮派皮也可以制作。
- Graham flour（全麦粉）请使用粗磨粉。
- Ajowan（香旱芹）是印度菜里的一种香料，气味类似百里香。
- 炒洋葱碎是将2～3个洋葱切碎后用色拉油翻炒。开始用大火，一部分微焦后改小火，翻炒17～18分钟直至颜色焦黄。可冷冻保存。
- 鹰嘴豆浸泡一晚发涨后，加入大量（配方外）的热水里煮熟。最后过滤干水分备用。

1 制作夫兰佩派面皮

根据P.67～P.68“经典夫兰佩派面皮”的事前准备以及步骤**1～3**来制作面皮。面粉里加入全麦粉和旱香芹。

2 制作馅料

土豆削皮后切大块。倒入锅里，加入刚好盖过土豆的水。开中火煮20分钟。用竹签一插即过就可以捞出滤干水分。倒入搅拌盆，用土豆泥捣碎器之类的工具压碎。

3

炒锅里倒色拉油，开大火热锅。加鸡肉翻炒至变色，再加入炒洋葱翻炒均匀。加入盐、白胡椒、白砂糖、酱油、泰国调味香料继续翻炒，直至水分烘干。改小火，待整体入味后，倒入搅拌盆里冷却备用。

4

搅拌盆里放入步骤2和3的材料，煮熟的鹰嘴豆、香菜碎，用刮刀稍微拌匀，再加入盐和1/8白胡椒（配方外）调味。

5 成型

将**1**分割成约40g的小块，撒上手粉后用擀面杖擀成宽9cm、长约19cm的椭圆形。

6

将约35g馅料放在面皮前半截，捏紧封口，放入铺好烘焙纸的烤盘上。剩下的全部同样制作。

7 烘烤

用毛刷刷上蛋黄液。再用叉子叉些小孔。放入预热后的烤箱，烘烤20分钟左右（烘烤温度190℃）。表面的颜色较深的焦黄色，背面是浅黄色就OK了。放在烤网上冷却。

咖喱味印度咖喱角

将鹰嘴豆的Sabzi（泛指煮或炖的印度菜）制作成为咖喱角。
在印度豆类Sabzi是不会添加肉类的，但我却将肉糜咖喱变身为主角。
最后完成的口味是许多人都能接受的大众美食，请一定要品尝哦。

材料［7个份］

夫兰佩派面皮

发酵黄油（无盐）··· 50g

A
- 低筋面粉 ··· 100g
- 高筋面粉 ··· 40g
- 全麦粉 ··· 10g
- 香旱芹（如果有）··· 2g
- 泡打粉 ··· 4g
- 白砂糖 ··· 1小勺
- 盐 ··· 1/8小勺

B
- 蛋黄 ··· 10g
- 牛奶 ··· 63g

手粉（高筋面粉）··· 适量

馅料

西红柿（中等）··· 中等1个

色拉油 ··· 1小勺

小茴香 ··· 2小勺

炒洋葱 ··· 70g

猪肉绞肉 ··· 150g

咖喱粉 ··· 2小勺

卡宴辣椒粉（Cayenne pepper），又称咖仁辣椒粉 ··· 少许

葛拉姆马萨拉（Garam masala）··· 1小勺

盐 ··· 1/2小勺

黑胡椒 ··· 少许

蛋黄液

蛋黄 ··· 1/2个

牛奶 ··· 1/4小勺

- 换成法式酥皮派皮也可以制作。
- Graham flour（全麦粉）请使用粗磨粉。
- Ajowan（香旱芹）是印度菜里的一种香料，气味类似百里香。
- 炒洋葱碎是将2～3只洋葱切碎后用色拉油翻炒。开始用大火，一部分微焦后改小火，翻炒17～18分钟直至颜色焦黄。可冷冻保存。
- 鹰嘴豆浸泡一晚发涨后，加入大量（配方外）的热水里煮熟。最后过滤干水分备用。

1 制作夫兰佩派面皮

根据P.67～P.68“经典夫兰佩派面皮”的事前准备以及步骤**1～3**来制作面皮。面粉里加入全麦粉和旱香芹。

2 制作馅料

西红柿切块。煎锅里加入色拉油和小茴香，开中火加热，小茴香飞溅并出香味后加入西红柿炒至熟软。

3

以炒洋葱、猪绞肉的顺序添加后翻炒。猪肉变色后加入咖喱粉和卡宴辣椒粉翻炒，再加入鹰嘴豆以及水150mL（分量外）。沸腾后改为小火，继续煮20分钟。

4

待水分基本煮干后，加入葛拉姆马萨拉、盐、黑胡椒稍微拌匀，停火。倒入料理盆里散热晾凉。

5 成型

将**1**分割成约40g的小块，撒上手粉后用擀面杖擀成直径约12cm的圆片。

6

把约40g馅料放在面皮中间，捏紧封口，放入铺好烘焙纸的烤盘上。剩下的全部同样制作。

7 烘烤

用毛刷刷上蛋黄液。用叉子叉些小孔。放入预热后的烤箱，烘烤20分钟左右（烘烤温度190℃）。表面的颜色是较深的焦黄色、背面是浅黄色就OK了。放在烤网上冷却。

奶酪味印度咖喱角

盐味较重的菲达奶酪与香草组合而成的馅料，包裹后制作成小吃的样子。

如果要换成茅屋芝士（Cottage cheese）和里科塔芝士（Ricotta cheese）来制作的话，盐味较淡，请加入盐和帕尔马干酪来增加它的味道。

加入香草的话可选百里香和意大利香芹之类，可添加自己喜欢的。

材料［9个份］

夫兰佩派面皮

发酵黄油（无盐）••• 50g

A
- 低筋面粉 ••• 100g
- 高筋面粉 ••• 50g
- 泡打粉 ••• 4g
- 白砂糖 ••• 1小勺
- 盐 ••• 1/8小勺

手粉（高筋面粉）••• 适量

馅料

菲达奶酪 ••• 100g

帕尔马干酪 ••• 10g

全蛋 ••• 30g

甜罗勒（切碎）••• 2小勺

白胡椒 ••• 少许

蛋黄液

蛋黄 ••• 1/2个

牛奶 ••• 1/4小勺

• 代替菲达干酪的话，可用同量的茅屋芝士，或者里科塔芝士100g+帕尔马干酪10g+盐1/8小勺。

• 里科塔芝士可简单自制。将500g牛奶倒入锅里煮沸。改小火，用打蛋器一边搅拌一边加入23g柠檬汁。牛奶凝固分离后，改大火再煮沸一次，用过滤网控干水分即可。此配方可得到约100g的量。

1 制作夫兰佩派面皮

根据P.67～P.68“经典夫兰佩派面皮”的事前准备以及步骤**1～3**来制作面皮。

2 制作馅料

搅拌盆里放入全部食材，用刮刀拌匀。

3 成型

切成9等份，撒上手粉后用擀面杖擀成宽约8mm、长约11mm的椭圆形。

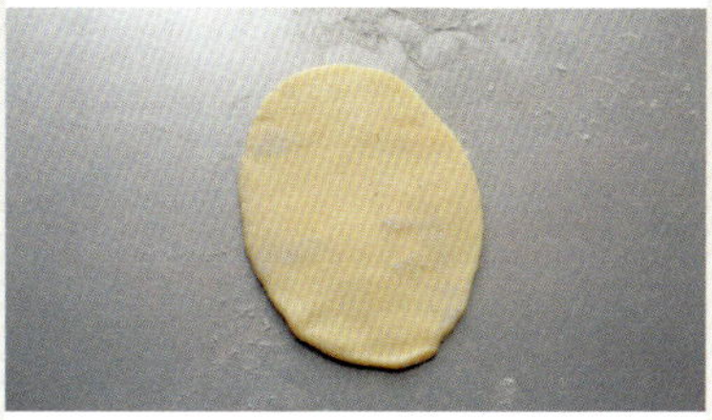

4

将约15g馅料放在**3**的面皮前半截，捏紧封口，放入铺好烘焙纸的烤盘上。剩下的全部同样制作。

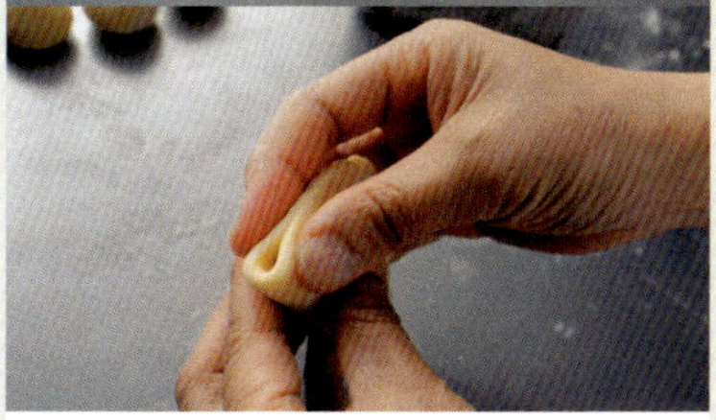

5 烘烤

用毛刷刷上蛋黄液。再用叉子叉些小孔。放入预热后的烤箱，烘烤20分钟左右（烘烤温度190℃）。表面的颜色较深的焦黄色、背面是浅黄色就OK了。放在烤网上冷却。

小嶋的西式咸菜

这是与咸派、咸蛋糕非常搭配的小菜。很多品种的蔬菜可一次性泡制，简单易制而深受大家的好评。恰到好处的酸甜味之上，再添加些许香料风味，口感均衡爽口。用苹果醋来制作，经济实惠。

材料

黄瓜 ••• 4根
甜椒 ••• 1个
西芹 ••• 1根
芦笋 ••• 3根
胡萝卜（小型）••• 1根
洋葱（小型）••• 1个
• 南瓜、香菇、茗荷等蔬菜也能制作。

咸菜液

纯苹果醋 ••• 250g
水 ••• 500 ~ 600g
盐 ••• 15g
绵白糖 ••• 20g
大蒜（切4瓣）••• 1个
红辣椒 ••• 2根
月桂叶 ••• 2枚
芫荽粒 ••• 1小勺
白胡椒粒 ••• 1小勺
以下香料根据个人喜好加减
小茴香 ••• 1/2小勺
芥末颗粒（干燥）••• 1/2小勺
丁香 ••• 4个

1

蔬菜切成一口能吃下的大小。分类摆好。

2

锅里倒入1L热水（配方外）煮沸，加入10g盐（配方外）拌匀。加入**1**的蔬菜，一种一种地分别加入，较软的蔬菜和蘑菇类约烫10秒，较硬的蔬菜烫15 ~ 20秒，南瓜烫30秒左右。用过滤网捞起后放入过滤盆控干水分。

3

另取一只锅加入全部的咸菜液材料，开大火煮沸后关火。

4

搅拌盆里放入**2**的蔬菜。加入热腾腾的**3**的液体（液体漫过蔬菜就可以），用木勺拌匀。等5 ~ 6分钟稍微晾凉后，取保鲜膜紧贴液体表面包好，静置待完全冷却。

5

连咸菜液体一起倒入沸煮消毒后的密闭容器里，放入冰箱冷藏室。第二天就可以食用，请在3周内食用完毕。这款咸菜保存期不可超过3周。

帕尔马干酪酥

在制作法式酥皮派皮或简易折叠派皮时如果剩下了边角余料，请放入冰箱冷藏保存。等积存到一定程度，可以尝试制作一下这款点心，芝士口味的一口酥。当然，就算是没有剩余的派皮，也能制作哦。

材料

法式酥皮派皮（P.8 ~ P.11）或者简易的折叠派皮（P.52 ~ P.56）…适量

芝士粉酥皮面团…总量的10%（如派皮重100g，芝士粉则为10g）

卡宴辣椒粉（Cayenne pepper，又称咖仁辣椒粉）…少许

手粉…适量

蛋黄…适量

装饰用芝士粉…适量

• 剩下的酥皮再次揉合后称为“第2次酥皮”。抑制了烘烤后的膨胀度，酥皮间的紧密度也提高了。可以享受和“第1次酥皮”完全不同的口感。如果直接使用“第1次酥皮”来烘烤，相比之下，膨胀度和口感则比较酥脆轻盈。

1

在回温到室温的酥皮里撒上芝士粉和卡宴辣椒粉，用手指捏匀成型为7 ~ 10mm厚。放入冷藏室静置30分钟。

2

操作台上撒上手粉，用擀面杖擀成厚3mm的酥皮。

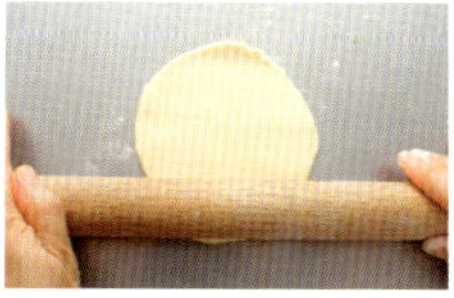

3

用毛刷将蛋黄涂在表面，撒上装饰用的芝士粉，用手掌稍微用力地按压，使其紧贴表皮。

4

法式酥皮派皮用比萨割刀切成2cm × 5cm的细条。简易折叠派皮切成1cm款的条状，两根重叠后扭曲成麻花状，两头用手指捏紧不散开。

• 切法请按个人喜好自由改变。

5

放入铺好烘焙纸的烤盘。放入预热后的烤箱，烘烤15 ~ 20分钟（烘烤温度180℃）。待整体表面上色就OK了。放在烤网上冷却即可。

图书在版编目（CIP）数据

小嶋老师的咸蛋糕 /（日）小嶋留味著；kiki译. —沈阳：辽宁科学技术出版社，2016. 9
ISBN 978-7-5381-9840-9

Ⅰ.①小… Ⅱ.①小… ②k… Ⅲ.①蛋糕—糕点加工 Ⅳ.①TS213.2

中国版本图书馆CIP数据核字（2016）第141158号

出版发行：辽宁科学技术出版社
（地址：沈阳市和平区十一纬路 25 号　邮编：110003）
印 刷 者：沈阳市精华印刷有限公司
经 销 者：各地新华书店
幅面尺寸：190mm × 257mm
印　　张：5
字　　数：100 千字
出版时间：2016 年 9 月第 1 版
印刷时间：2016 年 9 月第 1 次印刷
责任编辑：康　倩
封面设计：袁　舒
版式设计：袁　舒
责任校对：栗　勇

书　　号：ISBN 978-7-5381-9840-9
定　　价：28.00 元

投稿热线：024-23284367　987642119@qq.com　联系人：康编辑
邮购热线：024-23284502